Meine al

Kinderbibel

in Farbe

ISBN 3-907194-97-7

Meine allererste Kinderbibel in Farbe

OTUS

DAS ALTE TESTAMENT

DAS NEUE TESTAMENT

DAS ALTE TESTAMENT

Der Herr ist mein Hirte; mir wird nichts mangeln.
Er weidet mich auf einer grünen Aue;
er führet mich zum frischen Wasser.
Er erquicket meine Seele;
er führet mich auf rechten Pfaden, treu seinem Namen.
Und ob ich schon wanderte im finstern Tal,
fürchte ich kein Unglück, denn du bist bei mir;
dein Stock und dein Stab geben mir Zuversicht.
Du bereitest vor mir einen Tisch im Angesicht meiner Feinde.
Du salbst mein Haupt mit Öl, du füllst mir reichlich den Becher.
Gutes und Barmherzigkeit werden mir folgen mein Leben lang
und ich werde bleiben im Haus des Herrn immerdar.

Psalm 23

Und Gott erschuf die Welt

Genesis 1

Am Anfang war die Erde wüst. Es gab keine Berge, Täler, Wälder oder Wiesen. Alles war in eine große Finsternis getaucht. Da schuf Gott das Licht.
Das Licht nannte er Tag und die Finsternis nannte er Nacht. Es wurde Abend und es wurde Morgen.
So entstand der erste Tag.

Am zweiten Tag schuf Gott den Himmel.

Am dritten Tag schuf Gott die Meere. Zwischen das Wasser setzte er festes Land und ließ auf ihm alle Arten von fruchtbaren Pflanzen und Bäumen wachsen.

Dann setzte Gott Lichter an das Himmelsgewölbe.
Er schuf die Sonne, die am Tag erstrahlte, und den Mond und die Sterne, die in der Nacht am Himmel glänzten.
Das geschah am vierten Tag.

Am fünften Tag setzte Gott Lebewesen in die Meere und in den Himmel. Jetzt gab es alle Arten von Seetieren und anderen Lebewesen, die sich im Wasser tummelten.

Und durch die Lüfte flogen alle Arten von Vögeln, die fröhlich zwitscherten.

Auf dem Land ließ Gott alle Arten von Tieren entstehen: die Tiere des Feldes und des Waldes, alle Tiere, ob riesig groß oder winzig klein. Und dann formte er aus Erde den ersten Mann, Adam, und hauchte ihm den Lebensatem ein. Damit Adam nicht alleine war, schuf Gott ihm eine Gefährtin, Eva, die erste Frau. Er trug ihnen auf, sich um die Pflanzen und Tiere zu kümmern.
Das alles geschah am sechsten Tag.

Am siebten Tag ruhte sich Gott aus, nachdem er alles vollbracht hatte, und erklärte diesen Tag für heilig. Die Welt war perfekt.

Der Garten Eden

Genesis 2–3

Als Nächstes legte Gott einen wunderschönen Garten für Adam und Eva an. Überall wuchsen üppige Pflanzen und Blumen, die herrlich dufteten. Durch den riesengroßen Garten, der gar kein Ende nahm, wanden sich kleine Bäche und Flüsse, hier und da fand sich ein Teich oder ein See.

Tiere aller Arten lebten in dem Garten und es war ein friedliches Miteinander. Adam und Eva kümmerten sich liebevoll um die Tiere und lebten glücklich und ohne Sorgen Tag für Tag, denn sie hatten alles, was sie brauchten.

An jedem Baum hingen köstliche Früchte. In der Mitte des Gartens wuchs ein besonderer Baum, den Gott „den Baum des Wissens“ nannte.

„Von den Früchten an diesem Baum dürft ihr nicht essen. Alle anderen Früchte gehören euch und ihr könnt davon nehmen, so viel ihr wollt. Wenn ihr aber von diesem Baum esst, wird ein großes Unglück über euch kommen“, warnte Gott Adam und Eva.

Die beiden befolgten, was Gott ihnen gesagt hatte, und aßen nur die Früchte der anderen Bäume; an dem Baum des Wissens gingen sie immer vorbei und dachten gar nicht daran, die verlockend roten Früchte zu pflücken.

Im Garten Eden gab es aber eine Schlange, die war schlauer als alle anderen Tiere und sehr boshaft. Eines Tages sah die Schlange, wie Eva allein vor dem Baum des Wissens stand und voller Verlangen zu den Früchten hochblickte. „Warum nimmst du dir nicht eine von den Früchten? Von den anderen isst du doch auch!“, zischte die Schlange, die sich um einen der Äste des Baumes gewickelt hatte.
„Ich darf nicht, Gott hat es mir verboten“, antwortete Eva.

„Hach, Gott hat es verboten!“, höhnte die Schlange listig, die Adam und Eva das schöne Leben missgönnte. „Er will bloß nicht, dass Adam und du genauso klug seid wie er. Dass ihr wisst, was er tut, dass auch ihr das Gute und das Böse kennt.“

So klug zu werden, wie Gott es war, fand Eva sehr verlockend. Sie konnte dem Gedanken einfach nicht widerstehen, nahm eine der saftigen Früchte und biss herzhaft in sie hinein. Adam ließ sie auch von der Frucht kosten. Und nun nahm das Unglück seinen Lauf.

Die Frucht tat ihre Wirkung. Adam und Eva erkannten, dass sie falsch gehandelt hatten. Und sie bemerkten auch, dass sie völlig nackt waren. Voller Scham machten sie sich aus großen Blättern Kleidung und versteckten sich vor Gott, denn sie hatten Angst vor seinem Zorn.

Gott bemerkte sehr schnell, dass die beiden vom Baum des Wissens gegessen hatten, und er bestrafte Adam, Eva und die Schlange.

„Du sollst verflucht sein unter allem Getier und dein Leben lang auf dem Bauch kriechen. Und ewige Feindschaft soll fortan zwischen dir und den Menschen herrschen“, sagte er zornig zur Schlange.

Und zu Adam und Eva sagte er: „Unter Schmerzen soll Eva eure Kinder gebären und dir, Adam, untertan sein. Und du, Adam, wirst von nun an den kargen Ackerboden bearbeiten und unter Mühsal für das tägliche Brot sorgen, bis ans Ende deiner Tage. Denn nun werdet ihr sterblich sein. Ihr seid aus Staub geformt und zu Staub werdet ihr wieder zerfallen.“

Mit diesen Worten verjagte Gott Adam und Eva aus dem Paradies. Und damit niemand mehr den Garten Eden betreten konnte, stellte Gott Engel davor, die den Garten bis heute bewachen.

Kain und Abel

Genesis 4–6

Adam und Eva bekamen zwei Söhne, Kain und Abel. Die beiden wuchsen heran und halfen dem Vater bei der harten Arbeit auf den Wiesen und den Feldern. Kain wurde Ackerbauer und Abel Schafhirte.

Gott liebte Abel mehr als Kain. Denn er hatte erkannt, dass Kain tief in seinem Innern viele böse Gedanken hegte.
Eines Tages wollten Kain und Abel Gott etwas schenken und sich so für die reiche Ernte und die große Herde bedanken.
Kain brachte Gott von den Früchten des Feldes und Abel trennte sich von einem seiner Lämmchen. Aber Gott freute sich nur über das Lamm und ließ Kains Geschenk unbeachtet.
Da wurde Kain wütend auf Gott und so eifersüchtig und neidisch auf seinen Bruder, dass er beschloss, Abel zu töten.

Eines Tages sagte Kain zu Abel: „Lass uns zusammen aufs Feld gehen.“ Arglos ging Abel mit. Als sie weit draußen waren, nahm Kain einen schweren Stein und erschlug damit seinen armen Bruder.
Gott aber hatte gesehen, was geschehen war, und er fragte Kain, wo Abel sei. „Ich weiß es nicht. Bin ich meines Bruders Hüter?“, log Kain.

„Du hast etwas Furchtbares getan und du wirst bestraft werden. Von nun an wird der Acker, den du bestellst, keine Früchte mehr tragen und du musst dieses Land verlassen“, sagte Gott voller Zorn. Da fing Kain an zu weinen und flehte um Gnade: „Zu groß ist meine Schuld, als dass ich sie ertragen kann. Und nun verjagst und verfluchst du mich. Wer mich findet, wird um meine Schuld wissen und mich für das töten, was ich getan habe.“

„Nein, das werde ich verhindern“, sprach Gott und machte Kain ein Zeichen, dass ihn niemand verurteile und töte, der ihn finde.
Kain verließ das Land und wanderte rastlos umher, bis er in das Land Nod gelangte, wo er den Rest seines Lebens verbrachte.

Die Arche Noah

Genesis 6–9

Die Nachkommen von Adam und Eva hatten sich so vermehrt, dass es Tausende, Abertausende und noch mehr Menschen waren, die auf der wunderschönen Erde lebten. Darunter gab es böse und gute Menschen. Immer größer wurden Neid, Eifersucht und Hass. Es gab Betrügereien, Diebstähle und Morde.
Als Gott das sah, wurde er erst traurig und dann sehr zornig. „Es war ein Fehler, die Menschen zu erschaffen“, sagte er zu sich. Er beschloss, dem ein Ende zu machen und für einen Neuanfang zu sorgen.
Er wollte eine Sintflut schicken, die die ganze Welt vernichten sollte.

Unter all den Menschen lebte einer, der war sein ganzes Leben lang gut und auch sehr fromm. Dieser Mann hieß Noah. Er und seine Frau hatten drei Söhne, Sem, Ham und Jafet, die ebenso vorbildlich lebten.

Und Gott sprach zu Noah: „Ich werde die Welt vernichten, dich und deine Familie aber will ich verschonen. Baue ein riesiges, dreistöckiges Schiff mit vielen Kammern, einem Dach und einem seitlichen Eingang. Dichte das Schiff innen und außen mit Pech ab. Es darf kein Tröpfchen Wasser eindringen. Dann wähle von jeder Tierart ein Männchen und ein Weibchen aus. Vom winzigsten Krabbeltier bis zur langen Giraffe. Fülle das Schiff mit genügend Nahrung für Mensch und Tier. Und nun geh an die Arbeit, es bleiben dir nur sieben Tage und sieben Nächte."

Noah und seine Söhne machten sich ans Werk. Wie durch ein Wunder hatten sie alles geschafft, als der achte Tag begann.

Flatternd, krabbelnd, hüpfend, kriechend, stampfend, springend und schreitend kamen die Tiere in einer langen Reihe zum Schiff und warteten geduldig, bis sie alle untergebracht waren. Noah kontrollierte auf seiner Liste, ob auch alle Tierpaare gekommen waren.

Zuletzt gingen Noah und seine Familie an Bord und Gott verschloss die Luke fest von außen.

Dann begann ein gewaltiger Regen, der vierzig Tage und Nächte andauerte. Bäche, Flüsse und Meere traten über die Ufer und das Wasser stieg so hoch, dass es selbst die höchsten Berge unter sich begrub. Die Arche stieg mit dem Wasser, denn sie war nach Gottes Plänen gebaut und konnte nicht sinken.

Einhundertundfünfzig Tage ließ Gott die Erde mit Wasser bedeckt, dann schickte er einen kräftigen Wind, der das Wasser davonblies. Mit dem Wasser sank auch die Arche und nach wiederum einhundertundfünfzig Tagen setzte sie auf der Erde auf. Das war im Gebirge Ararat.

Noah wartete weitere vierzig Tage. Dann ließ er einen Raben hinaus, der gleich wieder zurückflog. Danach schickte er noch mehrere Vögel aus, die immer wiederkamen. Eines Tages flog eine Taube zurück, die einen grünen Olivenzweig im Schnabel trug.

Jetzt wusste Noah, dass die Pflanzen wieder wuchsen. Als Noah die Taube noch einmal hinausschickte, kehrte sie nicht mehr zurück. Die Flut war völlig zurückgegangen und der Boden wieder trocken.

Noah öffnete die Luke und die Tiere verließen die Arche. „Ich schließe einen Bund mit euch“, sprach Gott zu allen. „Ich werde die Welt nicht noch einmal durch eine Flut vernichten.
Als Zeichen für mein Versprechen setze ich den bunten Regenbogen an den Himmel. Immer, wenn ihr ihn seht, soll er euch an mein Versprechen erinnern.“

Der Turmbau zu Babel

Genesis 11

Noahs Familie wurde größer und größer. Seine Enkel, Urenkel und Ururenkel lebten überall, so wie es sich Gott gewünscht hatte.

Und alle sprachen dieselbe Sprache und konnten sich miteinander unterhalten. In einem Ort, der Babel hieß, wohnten eine ganze Reihe von Noahs Nachfahren, die viele Fähigkeiten hatten. Längst beherrschten sie die Kunst, Ziegelsteine zu brennen und daraus Häuser zu bauen.

Eines Tages kam ihnen der Gedanke, den höchsten Turm zu bauen, den je ein Mensch gesehen hatte. So würde Babel in der ganzen Welt bekannt werden. Sofort begannen sie damit, ihren Plan in die Tat umzusetzen, und bauten Tag und Nacht an ihrem Turm.

Als Gott sah, wie der Turm immer höher und höher wurde, grollte er. Die Menschen sollten nicht danach streben, groß und wichtig zu sein oder gar ihm ähnlich sein zu wollen. Sie sollten nicht wieder so gierig und gewissenlos werden, wie sie es vor der Sintflut waren.

Und Gott überlegte: Um den Turmbau fertig zu stellen, mussten die Menschen miteinander sprechen. Wenn sie nun aber nicht mehr dieselbe Sprache beherrschten, konnten sie sich auch nicht mehr untereinander verständigen.

Gott handelte schnell. Er gab den Menschen verschiedene Sprachen, schickte sie in ferne Länder auf der ganzen Erde und der Turm zu Babel wurde niemals vollendet.

Abraham und Isaak

Genesis 12, 18

Einer der Nachkommen Noahs hieß Abraham. Er war ein guter, gottesfürchtiger Mann. Seine Heimat war Ur in Chaldsa.

Eines Tages erschien Gott Abraham und sagte zu ihm: „Zieh weg von hier. Ich werde dir ein Land zeigen, in dem du in Frieden und Glück leben kannst. Wenn du mir vertraust, werde ich dich zum Vater eines großen Volkes machen."

Abraham und seine Frau Sara waren schon alt und hatten keine Kinder. Doch er vertraute Gott und glaubte daran, dass er noch viele Nachfahren haben würde. Er packte seine Habe zusammen und zog mit Sara, seinen Dienern und seinem Neffen Lot aus, um sich von Gott in das unbekannte Land führen zu lassen. So kamen sie nach Kanaan und Gott sagte: „Dieses Land gebe ich deinen Nachkommen."

Da sowohl Abraham als auch Lot sehr viel Vieh hatten, erkannten sie, dass das Land zu klein war, um beide Herden ausreichend weiden zu lassen, und so beschlossen sie, sich zu trennen. Abraham blieb in Kanaan, Lot wanderte weiter nach Jordanland.

Als Lot mit seiner Herde und den Hirten fort war, erschien Gott erneut und sagte zu Abraham: „Stehe auf und blicke dich um, nach Norden, Süden, nach Osten und Westen! Ich werde dir und deinen Nachkommen all das Land geben, das du sehen kannst.
Es wird dir für immer gehören."

Einige Zeit verging, bis Abraham und seine Frau Sara den lang ersehnten, gemeinsamen Sohn bekamen. Überglücklich nannten sie ihn Isaak. Das Kind wuchs wohl behütet und von allen geliebt auf.

Eines Tages, Isaak war noch ein Junge, wollte Gott Abraham auf die Probe stellen und prüfen, ob Abraham ihm noch immer so ergeben war wie einst.

Und Gott forderte das Unglaubliche von Abraham: „Nimm deinen einzigen Sohn Isaak und opfere ihn mir“, sprach er. Und Abraham gehorchte. Früh am nächsten Morgen machte er sich auf den Weg zu dem Ort, den Gott ihm als Opferstätte genannt hatte. Er bereitete alles vor, um seinen Sohn zu opfern. In dem Moment, als Abraham die Hand erhob, um seinen Sohn zu töten, gebot ihm ein Engel Gottes Einhalt.

Und Gott sprach: „Tue deinem Sohn nichts an. Nun bin ich sicher, dass du gehorsam bist und gottesfürchtig. Denn du warst bereit, mir das Liebste zu geben.“ Überglücklich nahm Abraham seinen Sohn bei der Hand und ging mit ihm wieder nach Hause.

Er wusste nun:
Gott ist nicht grausam;
Gott ist gütig!

Isaak und Rebekka

Genesis 24

Abraham war jetzt schon sehr, sehr alt und seine Frau Sara war inzwischen gestorben. Isaak war zu einem stattlichen jungen Mann herangewachsen und Abraham entschied, dass Isaak heiraten sollte.

Abraham rief seinen vertrautesten Diener. „Geh in mein Heimatland und suche dort unter meiner Verwandtschaft nach einer passenden Frau für Isaak. Ich möchte nicht, dass er eine Frau aus Kanaan nimmt; sie muss aus meinem Volk stammen.“

So wurden zehn Kamele mit Vorräten und Geschenken beladen und der Diener machte sich auf die weite Reise.

Nach unzähligen Wochen erreichte er den Ort, in dem Abrahams Bruder Nahor lebte. Es war bereits später Nachmittag, der Diener war sehr erschöpft und die Kamele fast am Verdursten.

An einem Brunnen machte der Diener Rast und betete zu Gott: „Herr, hilf mir, gib mir ein Zeichen. Bald kommen die Frauen, um Wasser aus dem Brunnen zu schöpfen. Das Mädchen, das mir aus seinem Krug zu trinken gibt und das auch von sich aus daran denkt, die Kamele zu versorgen, das wird die richtige Frau für Isaak sein."

Kaum hatte er sein Gebet beendet, da stand ein wunderschönes Mädchen vor ihm. Und es gab ihm zu trinken und versorgte auch die Tiere.

Der Diener fragte das Mädchen, wer es sei, und es war Rebekka, die Enkelin Nahors. „Welch eine glückliche Fügung, dass mich Gott direkt zu Abrahams Familie geführt hat!“, dachte der Diener.

Er wurde von Abrahams Familie sehr herzlich empfangen. Man bewirtete ihn mit aller Gastfreundschaft, bot ihm ein Lager an und sorgte für die Kamele.

Dann erzählte der Diener, was der Grund für seine weite Reise war, und Rebekkas Familie war damit einverstanden, dass sie nach Gottes Wunsch Isaaks Frau werden sollte. Und auch Rebekka, die von ihrer Familie gefragt wurde, ob sie bereit sei, in ein fernes Land zu ziehen und einen völlig fremden Mann zu heiraten, willigte ein.

Nun übergab der Diener Rebekka und ihrer Familie die prächtigen Geschenke, die er für die Brautwerbung mitgebracht hatte.

Am nächsten Morgen schon machte sich die Karawane auf den Weg nach Kanaan.

Als Isaak seine Braut sah, war er so begeistert von dem schönen Mädchen, dass er nur noch Augen für Rebekka hatte. Isaak liebte Rebekka von ganzem Herzen und bald wurde ein großes Hochzeitsfest gefeiert.

Hoch betagt, zufrieden mit seinem Leben und dem, was Gott ihm Gutes getan hatte, schloss Abraham für immer die Augen und wurde neben seiner Frau Sara zur letzten Ruhe gebettet.

Esau und Jakob

Genesis 27

Einige Zeit nach Isaaks und Rebekkas Hochzeit wurde Rebekka schwanger und bekam Zwillinge. Der Erstgeborene, also der, der zuerst auf die Welt kam, war über und über mit roten Haaren bedeckt. Deshalb nannte man ihn Esau, der „Behaarte". Sein Zwillingsbruder sah ganz anders aus. Er bekam den Namen Jakob.

Als die Jungen heranwuchsen, wurde aus Esau ein guter Jäger. Er liebte die Natur und brachte viel Fleisch von der Jagd nach Hause. Isaak schmeckten die Braten, die daraus bereitet wurden, und Esau war sein Lieblingssohn. Jakob war ein stiller Junge. Er hatte keine Freude an der Jagd und blieb lieber zu Hause bei seiner Mutter. So wurde er Rebekkas Liebling.

Weil Esau der Ältere war, hatte er das Erstgeburtsrecht und würde nach dem Tod des Vaters den ganzen Besitz erben. Eines Tages kam Esau müde und hungrig von der Jagd zurück und schnupperte den Duft des Linsengerichts, das Jakob zubereitet hatte. „Oh, ich bin so hungrig. Gib mir etwas von dem Linsengericht“, bat er seinen Bruder. Jakob stellte eine Bedingung: „Verkaufe mir dein Erstgeburtsrecht, dann sollst du reichlich von diesem Gericht bekommen.“ Esau war so hungrig, dass er sich auf den Handel einließ. So wenig wusste er das Erstgeburtsrecht zu schätzen.

Als Isaak alt geworden war, verlor er immer mehr seine Sehkraft und eines Tages war er völlig blind. Er glaubte, dass er bald sterben würde. Er rief Esau zu sich und sagte: „Nimm dein Jagdgerät und jage mir ein Wild. Bereite mir daraus ein Mahl, wie ich es mag. Dann will ich dich als neues Haupt der Familie segnen, bevor ich sterbe.“

Rebekka hatte das Gespräch angehört. Sie wollte aber, dass Jakob an Stelle von Esau den Segen erhielt.

Sie kochte ein Wildgericht und gab Jakob Esaus Kleider. Seine Arme und seinen Hals bedeckte sie mit Ziegenfell, damit er sich anfühlte wie Esau, der ja so stark behaart war. Dann schickte sie ihn mit dem Essen zu Isaak.

Zunächst zweifelte Isaak daran, dass wirklich sein Sohn Esau bei ihm war. Zwar erkannte er die Stimme als die von Jakob, mit seinen Händen aber fühlte er den behaarten Körper. Als er seinen Sohn fragte, ob er Esau sei, belog ihn Jakob und antwortete mit „Ja“. So bat Isaak Gott um seinen Segen für Jakob, im Glauben, er habe Esau vor sich.

Kurz darauf kam Esau von der Jagd und brachte das Mahl zu seinem Vater, das er für ihn zubereitet hatte. „Nun iss, Vater, und dann gib mir deinen Segen“, sagte Esau.

Da erschrak Isaak, denn er erkannte, dass er das Opfer einer List geworden war. Und Isaak erzählte Esau, was in der Zwischenzeit geschehen war. Und so sehr Esau auch flehte, sein Vater konnte keinen zweiten Segen von Gott erbitten.

Traurig sagte Isaak zu seinem Lieblingssohn, dass nunmehr Jakob der Herr über ihn und alle seine Brüder war und dass er seinem Bruder untertan sein müsste. Doch er prophezeite ihm auch, dass sich sein Schicksal zum Guten wenden würde, wenn er es demütig hinnähme.

Von diesem Tag an hegte Esau einen furchtbaren Zorn gegen seinen Bruder. Dieser Zorn war so groß, dass Rebekka um Jakobs Leben fürchtete. Sie überzeugte Isaak davon, dass es besser wäre, wenn Jakob das Land verließe, und sie schickte Jakob auf die Reise zu ihrem Bruder Laban, wo er bleiben sollte, bis Esaus Zorn verraucht war.

Jakobs Abenteuer

Genesis 28–33

Jakob machte sich auf zu seiner langen Wanderung. Er fühlte sich sehr einsam, war bald erschöpft und hatte Angst. Als die Sonne unterging, suchte er sich einen Schlafplatz. In der Nacht hatte er einen seltsamen Traum: Er träumte von einer ewig langen Treppe, die bis in den Himmel reichte und auf der Engel auf und ab gingen.

Oben am Ende der Treppe stand Gott, der sprach zu Jakob: „Deine Nachkommen werden zahlreich sein und ich werde dich beschützen, wo auch immer du bist.“

Als Jakob am nächsten Morgen erwachte, betete er zu Gott, war voller Zuversicht und Mut und schöpfte neue Kraft für seine Reise in das Heimatland seiner Mutter.

Nachdem Jakob endlich Haran erreicht hatte, wurde er freudig von seinen Verwandten begrüßt. Er arbeitete für Laban und nahm keinen Lohn dafür. Bald verliebte er sich in Rahel, die jüngste Tochter seines Onkels, die sehr schön war.

Laban wollte nicht, dass Jakob ohne Lohn für ihn arbeitete, und fragte, was er ihm geben könnte.

Und der verliebte Jakob sagte: „Ich will dir sieben Jahre dienen, wenn du mir danach deine Tochter Rahel zur Frau gibst." Laban willigte ein und da sich Jakob und Rahel sehr liebten, gingen die sieben Jahre wie im Fluge um. Doch in der Hochzeitsnacht brachte Laban seine älteste Tochter Lea zu Jakob, der die Täuschung nicht bemerkte, weil Lea dicht verschleiert war. Erst am nächsten Morgen entdeckte er, dass Laban ihn hintergangen hatte.

Empört ging er zu Laban. Der sagte zu ihm: „Bei uns ist es nicht üblich, die jüngere vor der älteren Tochter zu verheiraten. Verbring mit Lea die Brautwoche. Rahel gebe ich dir zur zweiten Frau, wenn du weitere sieben Jahre für mich arbeitest." Wieder willigte Jakob ein, so sehr liebte er Rahel.

Lea bekam viele Söhne und eine Tochter von Jakob. Nur Rahel blieb jahrelang kinderlos. Groß war die Freude, als sie Jakob endlich einen Sohn gebar. Sie nannte ihn Josef. Später sollte sie noch einen Sohn bekommen, dem sie den Namen Benjamin gab. Insgesamt hatte Jakob zwölf Söhne und diese sollten die Vorfahren der zwölf Stämme Israels sein.

Viele Jahre nach Josefs Geburt beschloss Jakob, mit seinen Frauen und Kindern nach Kanaan zurückzukehren.
Durch seine harte Arbeit war er ein wohlhabender Mann geworden;
er war sehr reich an Vieh. Doch Jakob machte sich Sorgen, wie Esau auf seine Rückkehr reagieren würde.

Er schickte Boten voraus, die mit einer beunruhigenden Nachricht zurückkehrten: Esau sei mit vierhundert Mann im Anmarsch! Jakob wurde Angst und Bange. Er suchte von allem, was er hatte, Geschenke für seinen Bruder aus: Ziegen, Schafe, Widder, Kühe, Stiere und Esel und er hoffte, Esau mit diesen großzügigen Gaben beschwichtigen zu können. Unruhig ging er allein hinaus auf das Feld und dachte voller Sorge an die Begegnung mit dem Bruder. Plötzlich erschien ihm ein Mann, der ihn zum Ringkampf aufforderte. Der Fremde rang mit Jakob bis zum Morgengrauen. Dieser Fremde war Gott, der Jakob im Kampf unterlag und ihn dann segnete: „Nicht mehr Jakob sollst du heißen, sondern Israel, Gottesstreiter, denn du hast mit den Menschen und mit Gott gestritten und gewonnen."

Die helle Morgensonne stieg an den Himmel und als Jakob aufblickte, sah er seinen Bruder mit seinen vierhundert Mann. Jakob warf sich vor Esau auf den Boden, doch Esau, dessen Zorn längst vergangen war, hob Jakob auf, umarmte und küsste ihn und beide weinten vor Freude darüber, dass endlich wieder Frieden herrschte zwischen ihnen und die Bruderliebe zurückgekehrt war.

Nach der Versöhnung zog Esau wieder nach Seir, von wo er gekommen war, und Jakob erreichte Kanaan. Seine Mutter Rebekka war inzwischen gestorben, aber Isaak, sein greiser Vater, lebte noch immer und freute sich, den Sohn nach so langer Zeit wieder in die Arme schließen zu können.
Alles war verziehen.

Für zwanzig Silberstücke

Genesis 37

Josef, Rahels erstgeborener Sohn, war Jakob unter seinen zwölf Söhnen der Liebste; er verwöhnte ihn und behandelte ihn viel besser als seine anderen Söhne.

Die Brüder hassten Josef für diese Bevorzugung. Josef machte alles noch schlimmer, indem er seinen Brüdern von seinen merkwürdigen Träumen erzählte, in denen er immer die Hauptperson war, der die unglaublichsten Dinge widerfuhren.

Einmal erzählte er, dass sich die Getreidegarben seiner Brüder vor seiner Garbe verneigt hätten, und die Brüder fragten ihn: „Glaubst du etwa, du wirst ein König sein und über uns herrschen?“ Der Hass der Brüder gegen Josef wurde immer größer. Nicht nur, dass der Vater ihm alle Aufmerksamkeit und ihnen fast keine schenkte, sie hielten Josef für unsagbar eingebildet und überheblich.

Eines Tages schickte Jakob seinen Sohn Josef hinaus aufs Feld, um nachzuschauen, was die Brüder dort arbeiteten.

Als diese ihn von weitem sahen, fassten sie den Beschluss, ihn zu töten und in eine Grube zu werfen. So würde man denken, ein wildes Tier habe ihn angefallen. Sie waren so voller Hass, dass sie gar nicht darüber nachdachten, welch schreckliche Tat sie planten.

Ruben, der älteste Bruder, konnte im letzten Moment verhindern, dass Josef getötet wurde. Also entrissen die Brüder Josef nur den prächtigen Mantel, den ihm der Vater geschenkt hatte, und warfen ihn in eine tiefe, dunkle Grube. Ruben ging fort mit dem Gedanken, seinen Bruder Josef später, wenn es dunkel wäre, aus der Grube zu befreien.

Kaum war dies geschehen, kam eine Karawane von Kaufleuten vorbei. Da kam Juda eine Idee und er sagte zu seinen Brüdern: „Wir haben gar nichts davon, wenn Josef dort unten in der Grube stirbt. Warum verkaufen wir ihn nicht einfach in die Sklaverei?“ Gesagt, getan. Für zwanzig Silberstücke verkauften sie ihn an die Kaufleute.

Dann töteten die Brüder eine Ziege, tauchten Josefs Mantel in das Blut und brachten diesen zu ihrem Vater. Der glaubte, dass Josef tot ist. Er legte Trauerkleider an, weinte bittere Tränen und war untröstlich.

Ruben, der in der Zwischenzeit zur Grube zurückgekehrt war, fand seinen Bruder dort nicht mehr vor. Auch er war völlig verzweifelt.

Die Händler verkauften Josef nach Ägypten an Pontifar, der der Oberste der Leibwache des Pharao war.

Josef im Gefängnis

Genesis 39–41

Josef war Pontifar ein guter Diener. Pontifar schätzte ihn so sehr, dass er ihn bald zum Hausverwalter und später sogar zum Verwalter seiner gesamten Ländereien machte.

Pontifars Frau verliebte sich in den gut aussehenden Josef, der sie aber zurückwies, weil er seinem Herrn treu ergeben war. Das ärgerte Pontifars Frau derart, dass sie zu ihrem Mann lief und Josef beschuldigte, sie belästigt zu haben. Das war eine böse Lüge.

Pontifar war jedoch so erzürnt, dass er Josef nicht einmal befragte, sondern ihn ergreifen und ins Gefängnis bringen ließ.

Der Zufall wollte es, dass zur gleichen Zeit auch der Mundschenk und der Hofbäcker des Pharao im Gefängnis waren. Eines Nachts hatten beide merkwürdige Träume. Josef hörte davon und sagte zu ihnen: „Erzählt mir eure Träume. Möglich, dass ich euch sagen kann, was sie bedeuten."

Alles, was Josef ihnen zu ihren Träumen sagte, traf ein. Der Hofbäcker wurde hingerichtet und der Mundschenk konnte nach wenigen Tagen an den Hof des Pharao zurückkehren. Obwohl er Josef versprochen hatte, beim Pharao ein gutes Wort für ihn einzulegen, vergaß er sein Versprechen, kaum dass er wieder in Freiheit war.

Eines Tages plagte den Pharao ein böser Traum, der ihm große Rätsel aufgab. Weder die Weisen noch die besten Wahrsager des Landes konnten ihn deuten. Da erinnerte sich der Mundschenk an Josefs Traumdeutungen und berichtete dem Pharao davon. Sofort wurde Josef in den Palast gebracht.

Der Pharao schilderte seinen Traum: „Ich träumte, ich stand am Ufer des Nils. Aus dem Wasser stiegen sieben wohlgenährte Kühe und begannen, auf der Weide Gras zu fressen. Nach ihnen kamen sieben abgemagerte Kühe aus dem Wasser und fraßen die fetten Kühe auf. In einem zweiten Traum gingen an einem einzigen Halm sieben dicke Ähren auf. Nach ihnen wuchsen sieben kümmerliche Ähren. Was mag das bedeuten?“

„Beide Träume bedeuten dasselbe", antwortete Josef. „Sieben Jahre lang wird die Ernte über alle Maßen gut sein. Darauf werden sieben sehr schlechte Erntejahre folgen. In den guten Jahren musst du also große Vorräte für die schlechten Jahre anlegen."

Der Pharao erkannte, dass Gott aus Josef sprach. Er war so sehr beeindruckt von der Traumdeutung, dass er Josef zu seinem höchsten Minister machte.

Alles traf so ein, wie es Josef prophezeit hatte. Weil genügend Vorräte da waren, musste Ägypten in den Jahren der Dürre keinen Hunger leiden und hatte Getreide im Überfluss.

Josef und seine Brüder

Genesis 42–47

In allen Ländern herrschte schwere Hungersnot. Auch Jakob und seiner Familie in Kanaan ging es sehr schlecht. Er beschloss, alle seine Söhne, mit Ausnahme von Benjamin, dem zweiten Sohn seiner Frau Rahel, nach Ägypten zu schicken, um dort Getreide zu kaufen.

Mehr als zwanzig Jahre waren es nun schon her, dass Josef von seinen Brüdern als Sklave verkauft worden war.
Als jetzt der reiche Mann vor ihnen stand, der wie ein Ägypter gekleidet war und mit ihnen die Verkaufsverhandlungen führte, erkannten sie nicht, dass es sich dabei um ihren eigenen Bruder handelte.

Josef aber wusste sofort, wer sie waren, gab sich aber nicht zu erkennen. Barsch fuhr er sie an, bezichtigte sie, Spione zu sein, und ließ sie ins Gefängnis werfen.

Die Brüder beteuerten, keine Spione zu sein, und berichteten von ihrem Vater in Kanaan, davon, dass sie einst zwölf Brüder waren, wovon einer nicht mehr unter ihnen wäre, und von Benjamin, der beim Vater geblieben war.

Drei Tage später ließ Josef seine Brüder zu sich kommen und sprach: „Ich will prüfen, ob ihr die Wahrheit sagt. Zieht heim zu eurem Vater und bringt ihm das Korn, das ihr gekauft habt. Dann kehrt zurück und bringt mir euren Bruder Benjamin. Simeon wird als Garant im Gefängnis bleiben, bis ihr zurückkehrt."

Zuhause in Kanaan berichteten die Brüder ihrem Vater, was in Ägypten geschehen war. Jakob wehrte sich solange es ging, seinen Sohn Benjamin ziehen zu lassen. Doch bald war das Getreide aufgebraucht und Jakob entschloss sich schweren Herzens, Benjamin mitsamt den Brüdern erneut nach Ägypten zu schicken, um wieder Getreide zu kaufen. Diesmal gab er ihnen doppelt so viel Geld und auch Geschenke mit.

So kamen die Brüder zurück zu Josef, der glücklich war, seinen jüngsten Bruder Benjamin zu sehen. Die Brüder verbeugten sich vor ihm, wie die Getreidegarben damals in Josefs Traum.

Josef ließ Simeon aus dem Gefängnis holen und bewirtete die Brüder. Er war inzwischen fast sicher, dass seine Brüder bessere Menschen geworden waren, doch noch eine letzte Prüfung wollte er ihnen auferlegen.

Nachdem die Säcke mit Getreide gefüllt waren, wies er seinen Diener an, in Benjamins Tasche einen Silberbecher zu verstecken.
Als die Brüder abgereist waren, befahl er seinen Wachen, sie zu verfolgen und den angeblich gestohlenen Becher zurückzufordern.

Die Wachen fanden den Becher bei Benjamin. Die Brüder kehrten um und warfen sich Josef zu Füßen.

„Der, bei dem der Becher gefunden wurde, muss in Ägypten bleiben und mir als Sklave dienen“, befahl Josef.

Da trat Juda vor und bat: „Lass mich an seiner Stelle hier bleiben. Wenn Benjamin nicht zurückkehrt, wird es unserem Vater das Herz brechen und er wird vor Kummer sterben.“

Da war Josef vollends davon überzeugt, dass sich seine Brüder geändert hatten. Er schickte sein Gefolge aus dem Raum, brach in Tränen aus und gab sich zu erkennen. „Es war eine Fügung Gottes, dass ich nach Ägypten kam. Es war sein Wille, dass ich in schlechten Zeiten für euch da sein soll. Geht nach Hause und holt die Familie hierher, denn es wird noch weitere fünf schwere Hungerjahre geben.“

Josef umarmte Benjamin und alle anderen Brüder und Tränen der Freude rannen ihnen über die Gesichter.

So kam es, dass die Kinder Israels Kanaan verließen und nach Ägypten zogen. Zuvor jedoch war Gott Jakob erschienen und sprach: „Fürchte dich nicht! Ich werde dich in Ägypten zu einem großen Volk machen, das ich eines Tages nach Kanaan zurückführen werde."

Jakob war überglücklich, seinen geliebten Sohn Josef wieder gefunden zu haben. Er lebte noch viele Jahre sorglos in Ägypten. Als er starb, brachten ihn seine Söhne nach Kanaan, wo schon Abraham und Isaak begraben waren.

Das Kind im Binsenkörbchen

Exodus 1–4

Solange Josef lebte, ging es seinem Volk gut in Ägypten. Doch nach seinem Tod sollte sich alles verändern. Ein neuer Pharao kam an die Macht, der nichts davon wusste, wie viel Gutes Josef für das ägyptische Volk getan hatte. Der Pharao sah nur, dass sich die Zahl der Israeliten in Ägypten ständig erhöhte und dass dieses Volk immer wohlhabender und mächtiger wurde. Und so setzte er Aufseher über das fremde Volk ein und machte die Israeliten zu Sklaven.

Das Leben für die Menschen wurde sehr hart, aber das Volk der Israeliten wuchs weiter. Eines Tages gab der Pharao den grausamen Befehl, jeden Knaben, der in einer israelitischen Familie geboren wurde, sofort nach der Geburt zu töten.

In jenen Tagen gebar eine israelitische Frau heimlich einen Sohn. Drei Monate lang gelang es ihr, das Kind zu verstecken. Doch dann ging das nicht mehr. Der Kleine war sehr unruhig, dauernd hungrig und schrie sehr viel. Die Frau flocht ein Körbchen aus Binsen, dichtete es innen und außen mit Pech ab, legte das Baby hinein und versteckte es im hohen Schilf des Nilufers. Ihre Tochter Miriam blieb in der Nähe und beobachtete, was geschah.

Bald kam die Tochter des Pharao zum Fluss, um zu baden. Sie fand das Körbchen mit dem Kind darin, das leise vor sich hin weinte. „Das ist ein Kind Israels", sagte sie. „Es ist so niedlich. Ich will das Kindchen behalten und wie mein eigenes aufziehen."

Miriam, die alles gesehen hatte, ging zu der Prinzessin und fragte: „Brauchst du eine Amme, die das Kind versorgt?“ Miriam holte ihre Mutter, die sich von nun an um ihr eigenes Kind kümmern konnte, bis es alt genug war, um im Palast bei der Prinzessin wohnen zu können.

Die Tochter des Pharao gab dem Kind den Namen Mose. Die Jahre vergingen und Mose wuchs als ägyptischer Prinz heran. Niemals aber vergaß er, dass er ein Israelit war und er war sehr unglücklich darüber, wie schlecht sein Volk behandelt wurde. Eines Tages ging er zu einer der Baustellen, wo sein Volk Sklavenarbeit verrichten musste. Er sah, wie ein ägyptischer Aufseher einen der Sklaven schlug.

Voller Empörung tötete Mose den Ägypter und verscharrte ihn im Sand. Aus Furcht, der Pharao könnte von seiner Tat erfahren, floh Mose in das Land Midian. Dort lebte er lange Zeit, gründete eine Familie und arbeitete als Hirte.

Eines Tages, als er eine große Schafherde hütete, sah er einen Dornbusch, aus dem hohe Flammen schlugen, der aber nicht verbrannte. Das wunderte ihn und er ging ganz nah an den Busch heran. Da rief ihm eine Stimme aus dem Busch zu: „Ich bin der Gott Abrahams, Isaaks und Jakobs. Ich habe das Elend der Israeliten gesehen und ihre lauten Klagen gehört. Kehre zurück nach Ägypten, suche deinen Bruder Aaron, gehe mit ihm zum Pharao und bitte darum, mein Volk freizulassen, um nach Kanaan zu ziehen.“

„Was ist, wenn der Pharao mir nicht glaubt, dass ich ein Gesandter Gottes bin?“, fragte Mose. „Wirf deinen Hirtenstab auf die Erde!“, befahl Gott. Mose gehorchte und der Stab verwandelte sich in eine Schlange. „Strecke jetzt deine Hand aus und packe die Schlange am Schwanz.“ Als Mose das tat, verwandelte sich die Schlange wieder zurück in den Hirtenstab.

Der Auszug aus Ägypten

Exodus 5–14

Mose traf auf seinen Bruder Aaron und beide gingen zum Pharao. „Jahwe, der Gott Israels, schickt uns. Lass das Volk Israel aus Ägypten ziehen.“ Doch der Pharao glaubte nicht an den Gott der Israeliten und wurde zornig. Noch am selben Tag gab er seinen Aufsehern den Befehl, die Sklaven noch härter als sonst arbeiten zu lassen. Als diese das auferlegte Soll nicht erfüllen konnten, wurden sie schwer bestraft.

Als Mose Gott davon berichtete, sprach dieser: „Du wirst sehen, was ich dem Pharao antue. Der Tag wird kommen, an dem er mein Volk gehen lässt.“ Wieder gingen Mose und Aaron zum Pharao. „Vollbringe ein Wunder, damit ich glauben kann, dass du ein Mann Gottes bist“, verlangte der Pharao. Mose warf seinen Hirtenstab zu Boden und er verwandelte sich in eine Schlange. Der Zauberer des Pharao konnte jedoch das Gleiche. Der Pharao weigerte sich, Mose weiter zuzuhören.

Daraufhin verfluchte Gott Ägypten mit acht schlimmen Katastrophen. Zuerst verwandelte er das Wasser des Nils in Blut, alle Fische starben und niemand konnte mehr vom Wasser trinken. Danach kam eine Froschplage über das Land, darauf folgten Schwärme von Stechmücken und anschließend von ekligem Ungeziefer. Dann ließ Gott eine Seuche über alles Vieh und danach über die Menschen kommen. Schwere Hagelstürme vernichteten alles, was auf dem Feld war. Zuletzt schickte Gott Heuschrecken, die alles kahl fraßen.

Von all diesen Plagen wurde nur der Landstrich verschont, den die Israeliten bewohnten.

Doch der Pharao blieb dabei, er erlaubte den Israeliten nicht, Ägypten zu verlassen. Auch eine dreitägige Finsternis konnte ihn nicht umstimmen. Gottes Zorn war unsagbar groß. Er sprach zu Mose: „Um Mitternacht werde ich die Engel des Todes schicken. Jeder Erstgeborene bei Mensch und Vieh wird sterben. Damit ihr verschont bleibt, soll jede Familie ein einjähriges, vollkommen gesundes, männliches Lamm schlachten und mit seinem Blut die Türen außen markieren. Dann gehen die Todesengel an euren Häusern vorbei. Das Fleisch der Lämmer sollt ihr braten und mit ungesäuertem Brot essen. Diesen Tag sollt ihr von nun an als Fest zur Ehre des Herrn begehen."

Die Israeliten taten, was Gott befohlen hatte. Überall im Land war die Trauer groß, denn in jedem Haus gab es einen Toten zu beklagen. Auch der älteste Sohn des Pharao war von den Todesengeln geholt worden.
In den Häusern der Israeliten aber herrschte Freude. Von da an aßen sie in jedem Jahr an diesem Tag die gleiche Mahlzeit und feierten das Paschafest zum Gedenken daran, dass Gott sie verschont hatte.

Der Pharao gab auf. Er ließ Aaron und Mose zu sich rufen und sprach: „Verlasst mein Land, ihr beide und alle Israeliten! Auch eure Schafe, Ziegen und Rinder nehmt mit.“

Die Ägypter waren so froh, dass die Israeliten nun endlich gingen, dass sie ihnen Gold, Silber und Gewänder schenkten, damit sie sich noch schneller auf den Weg machten.

Als das Volk Israel fort war, änderte der Pharao seine Meinung. Er schickte sechshundert Streitwagen hinter den Israeliten her und verfolgte sie bis zum Roten Meer. Als die Israeliten die ägyptischen Soldaten anrücken sahen, ergriff sie das Entsetzen und Panik machte sich breit.

Mose sprach zu ihnen: „Fürchtet euch nicht. Der Herr wird euch retten.“ Dann streckte Mose seine Arme aus und Gott sandte einen starken Wind, der das Meer spaltete. Noch bevor der Morgen dämmerte, zogen die Israeliten auf trockenem Boden durch das Meer hindurch, während rechts und links von ihnen das Wasser wie eine Mauer stand.

Als die Ägypter sahen, welchen Weg die Israeliten gegangen waren, folgten sie ihnen. Da sprach Gott zu Mose: „Strecke deine Hand erneut aus über das Meer. Das Wasser wird zurückfluten und die Armee mit allen Wagen und Reitern zudecken.“

So geschah es. Die ganze mächtige Streitmacht des Pharao ertrank in den Fluten. Kein einziger blieb übrig. Endlich war Moses Volk frei. Die Israeliten priesen den Herrn, sangen ihm Loblieder und folgten Mose voller Zuversicht, der sie zur Wüste Schur führte.

Der Weg nach Sinai

Exodus 16–17

Schon drei Tage war das Volk in der Wüste unterwegs.
Die Wasservorräte waren aufgebraucht und bislang hatten sie keine Quelle gefunden. Als sie schließlich auf Wasser stießen, war es nicht genießbar. Das Volk murrte und wurde immer unzufriedener.
Schließlich wandten sich die Israeliten an Mose und Aaron.

Mose bat den Herrn um Hilfe. Gott zeigte ihm ein Stück Holz, das er in das verdorbene Wasser werfen sollte. Und siehe da, das Wasser wurde trinkbar.

Es dauerte nicht lange, da waren alle essbaren Vorräte aufgebraucht und die Israeliten waren hungrig. „Wären wir doch in Ägypten geblieben und dort besser gestorben, als hier zu verhungern. Da hatten wir wenigstens ausreichend Fleisch und Brot“, beschwerten sie sich.

Und wieder half Gott seinem Volk. In der Nacht ließ sich ein großer Schwarm von Wachteln auf dem Lagerplatz der Israeliten nieder. Jetzt gab es genug Fleisch für jedermann. Am Morgen war der Boden um das Lager mit Tau bedeckt. Als der Tau sich hob, lag etwas auf dem Wüstenboden, das sah aus wie feine Waffeln. Es war weiß wie Koriandersamen und schmeckte wie Honigkuchen.

„Das ist ein ganz besonderes Brot, das uns Gott da geschickt hat. Sammelt so viel davon ein, wie ihr braucht“, sagte Mose. Von nun an lag das Brot jeden Morgen im Sand, außer am Sabbat, denn das war der Ruhetag des Herrn. Die Israeliten sorgten am Tag vor dem Sabbat für doppelt so viele Vorräte und nannten das wundersame Brot Manna.

Die heiße Wüstensonne brannte unerbittlich auf die Menschen herunter, die sich auf ihrer Wanderung durch die Wüste quälten. Zu essen hatten sie genug, aber der Durst wurde immer größer. Weit und breit war kein Wasser zu sehen. Und wieder jammerte das Volk.

Auch diesmal bat Mose Gott um Hilfe. „Geh deinem Volk voran. Wenn du zu einem Felsen am Fuße des Berges Sinai kommst, stößt du deinen Stock hinein“, riet ihm Gott.

Mose befolgte den Rat. Als er den Stock in den Felsen stieß, sprudelte das Wasser nur so aus dem Felsen heraus.
Es war frisch und kühl.

Die zehn Gebote

Exodus 19-20, 24-27, 32, 34-40

Am Fuße des Berges Sinai schlugen die Israeliten ihre Zelte auf. Es waren nun schon drei Monate seit ihrem Auszug aus Ägypten vergangen.

Der Berg Sinai war heilig, denn Gott war auf seinen Gipfel herabgestiegen. Eines Tages blitzte und donnerte es auf dem Berggipfel. Gott rief Mose zu sich und nannte ihm seine zehn Gebote:

Ich bin der Herr, dein Gott,
du sollst neben mir keine anderen Götter haben.

Du sollst dir kein Bildnis
noch irgendein Gleichnis von Gott machen
und keine Götzen anbeten.

Du sollst den Namen des Herrn, deines Gottes,
nicht missbrauchen.

Gedenke des Sabbats: Halte ihn heilig!

Du sollst deinen Vater und deine Mutter ehren.

Du sollst nicht töten.

Du sollst nicht die Ehe brechen.

Du sollst nicht stehlen.

Du sollst kein falsches Zeugnis reden wider deinen Nächsten.

Du sollst nicht nach dem Haus deines Nächsten verlangen,
noch nach seiner Frau, nach seinem Sklaven oder seiner Sklavin,
seinem Rind oder seinem Esel oder nach irgendetwas,
das deinem Nächsten gehört.

Gott erklärte Mose seine Gebote und schicke ihn zu seinem Volk zurück, um den Israeliten die Gebote vorzutragen. Das Volk versprach, sich an die Gebote zu halten.

Danach rief Gott Mose wieder zu sich auf den Gipfel des Berges und sprach: „Ich will dir die Steintafeln geben, auf die ich die Gebote geschrieben habe.“

Diesmal blieb Mose vierzig Tage und vierzig Nächte auf dem Berg. In dieser Zeit gab Gott ihm Anweisungen zum Bau eines Heiligtums, das die Kirche des Herrn werden sollte, und zum Bau einer Lade aus Akazienholz, die die Gesetze Gottes enthalten sollte.

Das Volk wartete ungeduldig auf Moses Rückkehr. Als die Tage vergingen, ohne dass Mose vom Berg herabkam, glaubten die Israeliten, dass sie ihn nicht mehr wiedersehen würden.

„Gib uns einen neuen Gott, der uns führt“, sagten sie zu Aaron. Und Aaron sammelte alle goldenen Gegenstände ein, die im Besitz der Israeliten waren, ließ sie schmelzen und daraus ein goldenes Kalb gießen. Das Volk brachte dem Kalb Opfer dar, umtanzte es und feierte ein Fest zu Ehren des Götzenbildes.

Gott und Mose wurden sehr zornig, als sie sahen, dass die Menschen ihr Versprechen nicht gehalten hatten. Mose war so erbost, dass er die Steintafeln Gottes auf den Boden warf, wo sie in tausend Stücke zerbrachen.

Doch Moses Zorn verrauchte und er bat bei Gott um Gnade für sein Volk. Gott machte neue Steintafeln und die Menschen schworen, sich von nun an streng an seine Gesetze zu halten.

Das Volk ging nun daran, das Heiligtum für den Herrn zu fertigen. Nur die besten Handwerker und Künstler arbeiteten daran. Das Zelt wurde auf das Prächtigste ausstaffiert. Kupfer, Silber, Gold, die edelsten Hölzer und die feinsten Stoffe wurden verwendet. Auch die Lade für Gottes Gesetze wurde aus den besten Materialien hergestellt und so gemacht, dass auch sie von Ort zu Ort transportiert werden konnte. Alles wurde genau so ausgeführt, wie Gott es Mose aufgetragen hatte. Mose besichtigte die Stätte Gottes, wo von nun an gebetet und für Gott geopfert wurde, und segnete das Gotteshaus.

Vierzig Jahre in der Wüste

Numeri 13–14, 17, 21

Lange Zeit wanderte das Volk durch die Wüste. Und immer zog die Bundeslade, die Lade des Herrn mit seinen Geboten, vor ihm her. Eines Tages befahl Gott Mose, Kundschafter in das Land Kanaan zu schicken. Mose wählte hierfür jeweils einen aus den zwölf Stämmen Israels aus. Vierzig Tage waren sie unterwegs, dann kamen sie zurück und berichteten, was sie gesehen hatten.

„Kanaan ist ein sehr fruchtbares Land. Aber das Volk, das dort lebt, ist sehr kriegerisch. Die Städte werden verteidigt wie Festungen. Wir können nichts gegen dieses Volk ausrichten, es ist viel stärker als wir.“

Die Nachricht löste große Enttäuschung und auch Zorn unter den Menschen aus. Wofür hatten sie denn alle diese Qualen auf sich genommen? Alles schien umsonst gewesen zu sein. Zwei der Kundschafter, Josua und Kaleb, versuchten dem Volk Mut zu machen. Aber es nutzte nichts.

Gott wurde zornig, weil das Volk kein Vertrauen zu ihm hatte. Er strafte die Menschen, indem er sie weitere vierzig Jahre durch die Wüste irren ließ. Und Gott bestrafte die Ungläubigen zusätzlich mit Krieg und Krankheiten.

Das Volk war aufgebracht und sein Zorn richtete sich vor allem gegen Mose. „Was gibt euch, dir und Aaron, das Recht, unser Leben zu bestimmen und unsere Führer zu sein?“, fragten sie. Mose antwortete ihnen: „Wenn euch das nicht mehr gefällt, dann soll aus jedem unserer zwölf Stämme ein Führer gewählt werden und dieser seinen Namen in einen Mandelzweig ritzen. Die Zweige legen wir in das Heiligtum Gottes. Er wird einen Mann auswählen, der fortan das Volk führen soll.“ Am nächsten Morgen trug Aarons Zweig Blätter, Blüten und Mandeln. Aaron war von nun an der neue Führer der Israeliten.

Einige Jahre lang war das Volk zufrieden. Aber als Aaron starb, begannen die Israeliten erneut, sich zu beschweren. Wieder jammerten sie und bedauerten, dass sie nicht in Ägypten geblieben waren. Dieses Mal sandte Gott zur Strafe eine Giftschlangenplage. Die Schlangen waren überall im Lager und viele Menschen starben durch ihre Bisse.

Die Israeliten gingen zu Mose und baten ihn, bei Gott für sie um Gnade zu bitten. Sie hatten erkannt, dass sie einen großen Fehler gemacht hatten. Und Mose betete zu Gott.

„Mache eine Schlange aus Kupfer und befestige sie an einem Stab. Jeder, der von einer Giftschlange gebissen wurde und danach die Kupferschlange ansieht, wird am Leben bleiben“, riet ihm Gott. Das tat Mose und so wurden alle die wieder gesund, die in Gott vertrauten.

Die Eroberung Jerichos

Josua 1–6

Die vierzig Jahre in der Wüste waren vergangen. Nachdem Mose gestorben war, machte Gott Josua zum neuen Führer der Israeliten. Und Josua befahl dem Volk: „Versorgt euch reichlich mit Lebensmitteln und macht euch marschbereit. In drei Tagen werden wir den Jordan überschreiten und Kanaan erobern." Diesmal hatte das Volk weder Furcht noch Zweifel.

Josua sendete zwei Kundschafter voraus, um das Land und die Stadt Jericho zu erkunden. In Jericho machten die beiden Männer die Bekanntschaft einer Frau namens Rahbab, deren Haus in die Stadtmauer gebaut war und bei der sie Unterkunft fanden. Als der König von Jericho davon hörte, schickte er Boten zu Rahbab, um die Kundschafter gefangen zu nehmen.

Rahbab versteckte die beiden auf dem flachen Dach ihres Hauses und belog die Soldaten, sie seien schon lange weitergezogen.
Als die Soldaten weg waren, sagte Rahbab zu den Kundschaftern: „Jeder hier weiß, dass Gott euch dieses Land gegeben hat und alle haben Angst vor dem, was geschehen wird. Versprecht mir, dass ihr mich und meine Familie verschont, wenn ihr die Stadt erobert.“

„Euch wird nichts geschehen. Binde beim Angriff auf die Stadt eine purpurrote Schnur an dein Fenster. Versammle deine ganze Familie im Haus. Niemand darf das Haus verlassen. So werdet ihr sicher sein”, rieten ihr die Kundschafter.

Rahbab ließ die Männer an einem Seil durch das Fenster an der Stadtmauer herab. Die beiden kehrten zu Josua zurück und berichteten, was sie erfahren hatten.

Die Israeliten machten sich auf den Weg nach Kanaan. Allen voran gingen die Priester und trugen die Truhe mit Gottes Gesetzen.

Als die Priester den Jordan erreichten und ihre Füße das Wasser berührten, blieben die Fluten des Jordan stehen und es bildete sich eine breite Furt. So konnte das Volk den großen Fluss leicht überqueren.

Als ein Zeichen und zum Gedenken an Gottes Hilfe holten die Israeliten zwölf große Felsbrocken aus dem Flussbett und schichteten sie am Flussufer aufeinander. Danach begann das Wasser des Jordan wieder zu fließen. Die Geschichte über das Wunder, das mit dem Fluss geschehen war, verbreitete sich wie ein Lauffeuer in Jericho und die Furcht vor den Israeliten wurde immer größer.

Nun begann die Belagerung Jerichos. Die Stadt hatte eine gewaltige Stadtmauer und die Tore waren fest verschlossen, sodass niemand heraus oder hinein konnte.

Gott gab Josua Anweisungen, wie er die Stadt erobern sollte: „Sechs Tage lang sollt ihr mit allen Kriegern einmal täglich um die Stadt herumziehen und sie umkreisen. Sieben Priester sollen euch anführen, die sieben Widderhörner vor der Lade hertragen. Am siebten Tag sollt ihr siebenmal um die Stadt ziehen und dann sollen die Priester einen langen Ton auf ihren Widderhörnern blasen. Alle anderen sollen in lautes Kriegsgeschrei ausbrechen. Dann werden die Mauern einstürzen und ihr könnt die Stadt einnehmen."

So geschah es und die Israeliten eroberten die Stadt. Rahbab und ihre Familie wurden verschont. Die Kundschafter führten Rahbab und ihre Angehörigen aus der Stadt an einen sicheren Platz im Lager der Israeliten.

Danach wurde Feuer gelegt und von der Stadt Jericho blieb nichts mehr übrig. Die Schätze der Stadt wurden Gott geweiht.

Josua verbrachte sein ganzes Leben mit der Eroberung Kanaans. Stadt um Stadt nahm er ein und nur wenige Stämme Kanaans blieben unbesiegt.

Simson, der Starke

Richter 13–16

Die Jahre vergingen und wieder begannen die Israeliten, Gott zu vergessen und zu sündigen. Gott wurde darüber erneut sehr zornig und bestrafte sein Volk schwer. Vierzig Jahre ließ er die Philister über die Israeliten herrschen.

Unter ihnen lebte ein Mann namens Manoach, dessen Frau keine Kinder bekommen konnte. Eines Tages erschien der Frau ein Engel, der ihr prophezeite: „Du wirst bald einen Sohn haben, der den Anfang machen wird, das Volk Israel aus der Gewalt der Philister zu befreien. Und weil dein Sohn von Gott erwählt ist, darf zum Zeichen dafür sein Haar niemals geschnitten werden."

Das Kind wurde geboren und Simson genannt. Der Junge wuchs heran und wurde groß und ungeheuer kräftig. Er war so stark, dass er einmal sogar einen Löwen mit bloßen Händen tötete.

Simson bekämpfte die Philister. Er zerstörte ihre Getreidefelder, Weinberge und Olivenhaine. Einmal tötete er tausend Philister mit den Fäusten und nur mit dem Kieferknochen eines Esels bewaffnet.

Die Philister versuchten alles, ihn gefangen zu nehmen. Aber er entkam ihnen immer wieder.

Eines Tages verliebte sich Simson in das Mädchen Delila. Als die Philisterfürsten davon hörten, gingen sie zu dem Mädchen. „Versuche, Simson zu betören und herauszufinden, wodurch er seine große Kraft besitzt und wie wir ihn bezwingen können“, sagten sie zu Delila. „Dafür sollst du von jedem von uns elfhundert Silberstücke bekommen.“

Jedes Mal, wenn Delila Simson nach dem Geheimnis seiner übermächtigen Kraft fragte, erzählte er ihr etwas anderes. Delila probierte alles aus, um ihn seiner Kräfte zu berauben, aber Simson blieb stark wie ein Bär.

Da wurde Delila wütend: „Wie kannst du behaupten, dass du mich liebst, wenn du mir eine Lüge nach der anderen auftischst?“, sagte sie und bedrängte ihn so lange, bis er ihr endlich die Wahrheit sagte. „Würde man mir meine Haare abschneiden und meinen Bart wegrasieren, dann würde mich meine Kraft verlassen“, antwortete er. Diesmal wusste Delila, dass die Antwort stimmte.

In der Nacht, als Simson fest schlief, rief Delila einen Mann, der Simsons Haar abschnitt. Dann verriet sie Simson an die Philister, die ihn gefangen nahmen.

Die Philister nahmen grausame Rache. Sie quälten Simson fürchterlich, nahmen ihm das Augenlicht, legten ihn in schwere Ketten und warfen ihn in das Gefängnis von Gaza, wo er hart arbeiten musste. Aber seine Haare begannen wieder zu wachsen und mit den Haaren kam die Kraft zurück.

Als die Philister ein Freudenfest zu Ehren ihres Gottes Dagon ausrichteten, ließen sie Simson aus dem Gefängnis zum Tempel bringen. Sie wollten mit ihrem berühmten Gefangenen ihren Spott treiben. Alle Fürsten waren im Tempel versammelt und eine riesige Volksmenge dazu.

Simson wurde zwischen die Säulen geführt, von denen der Tempel getragen wurde. „Einmal noch gib mir meine alte Kraft zurück", betete Simson zu Gott. Dann packte Simson die Säulen und stemmte sich gegen sie. Die Säulen zitterten, wankten und gaben schließlich nach. Der Tempel stürzte ein und begrub alle Menschen unter den Trümmern. Niemand überlebte, auch Simson nicht.

Das war Simsons letzte Tat gegen die verhassten Philister, die er zwanzig Jahre lang bekämpft hatte.

Noomi und Rut

Rut 1-4

Viele Jahre später kam eine Hungersnot über Israel. Elimelech, ein Mann aus Bethlehem, zog deshalb mit seiner Frau Noomi und seinen beiden Söhnen in das Land Moab. Dort heirateten die Söhne zwei Frauen aus Moab. Das Schicksal wollte, dass der Vater und seine Söhne in dem fremden Land starben. Noomi fühlte sich in der Fremde einsam und wollte in ihr Heimatland zurückkehren.

Sie bat ihre Schwiegertöchter, in Moab zu bleiben, denn sie waren noch jung genug, um noch einmal zu heiraten. Orpa willigte schließlich ein, aber Rut bestand darauf, sie zu begleiten.

„Wo du hingehst, da will auch ich hingehen. Wo du bleibst, da bleibe ich auch. Dein Volk soll mein Volk sein und dein Gott auch der meine", sagte Rut zu Noomi. Dann machten sich die Frauen auf ihren langen Weg.

Als Noomi und Rut in Bethlehem eintrafen, war gerade Erntezeit. Weil sie kein Geld hatten, ging Rut jeden Tag hinaus aufs Feld und sammelte die Ähren ein, die beim Garbenbinden übersehen worden waren.

Das Feld gehörte dem Grundbesitzer Boas, der ein Verwandter von Noomis Mann war. Er beobachtete Rut auf dem Feld und als er erfuhr, wer sie war, sagte er zu ihr: „Ich habe gehört, was du für Noomi getan hast. Der Herr möge dich reich belohnen. Du wirst auf meinem Feld immer willkommen sein." Boas sorgte auch dafür, dass Rut während der Arbeit auf dem Feld zu essen und zu trinken bekam. Am Abend gab er Rut so viele Vorräte mit, dass sie für Noomi und sich ein reichliches Mahl zubereiten konnte.

Als Noomi erfuhr, wie freundlich Boas zu Rut gewesen war, freute sie sich. Zur damaligen Zeit war es in Israel üblich, dass sich die Verwandten um die Witwen ihrer Angehörigen kümmerten.

Tatsächlich hatte Boas Rut sehr lieb gewonnen und nahm sie zu seiner Frau. Bald bekamen Rut und Boas einen Sohn, den kleinen Obed. Und dieser sollte später einmal der Großvater von David sein, des größten Königs, den Israel je hatte.

Samuel und Saul

1 Samuel 1, 8–10, 15–16

Unter den Israeliten lebte eine Frau namens Hanna. Sie war kinderlos und sehr unglücklich darüber. Jedes Jahr pilgerte Hanna zu einem weit entfernten Tempel, betete still zu Gott und bat ihn darum, endlich ein Kind zu bekommen. Der Priester Eli beobachtete sie eines Tages bei ihrem Gebet. Und weil sie nur die Lippen bewegte, ohne zu sprechen, glaubte er, sie sei betrunken. Schroff wies er Hanna aus dem Tempel. Dann aber bemerkte er, dass er sich geirrt hatte.
Hanna vertraute Eli ihren Kummer an und der Priester sagte zu ihr: „Der Gott Israels wird dir deine Bitte erfüllen." Und tatsächlich wurde Hanna schwanger und bekam einen Sohn, den sie Samuel nannte.

Als Samuel alt genug war, brachte Hanna ihn zu Eli in den Tempel. „Diesen Sohn hat mir Gott geschenkt. Jetzt gebe ich ihn dem Herrn zurück. Er soll ihm von nun an dienen.“

So wuchs Samuel im Tempel Gottes auf. Als er ein Mann geworden war, wurde er ein berühmter Prophet, dessen Worte sich immer erfüllten.

Samuel war ein guter, frommer Mann und deshalb erwählte ihn Gott zum Führer der Israeliten. Als Samuel alt geworden war, bestimmte er seine Söhne Joel und Abija als Nachfolger. Doch die beiden waren bestechlich und geldgierig und die Israeliten wollten nicht von ihnen angeführt werden, wenn Samuel eines Tages starb. So versammelten sich die Ältesten, gingen zu Samuel und baten ihn darum, einen König einzusetzen, der über sie herrschen sollte, wie es auch in anderen Ländern üblich war.
Samuel fragte Gott um Rat und dieser sprach: „Höre auf die Stimme des Volkes. Aber warne es und sage ihm, welche Rechte ein König hat. Dass er die Söhne zum Kriegsdienst und die Töchter als Bedienung holen wird. Dass das Volk auf den Äckern des Königs hart arbeiten und dass es Steuern bezahlen muss. Alle werden seine Sklaven sein."

Samuel warnte sein Volk; aber die Israeliten wollten unbedingt einen König. Und Gott riet Samuel: „Tue, was sie wollen. Setze ihnen einen König ein.“

Die Fügung wollte es, dass Samuel einen jungen, schönen Mann traf. Saul war zudem groß gewachsen und wirkte sehr beeindruckend. Samuel erkannte in Saul sofort denjenigen, den Gott zum Herrscher Israels bestimmt hatte. Feierlich goss Samuel Saul Öl auf den Kopf und sagte zu ihm: „Hiermit hat dich der Herr zum Fürsten gesalbt. Du wirst über Israel herrschen und seine Feinde besiegen. Gott ist mit dir.“

Saul war ein guter König und bei den meisten seiner Untertanen sehr beliebt. Er gewann viele Schlachten und seine riesige Armee wurde von den Feinden gefürchtet. Doch irgendwann wurde Saul stolz, handelte eigenmächtig und führte Gottes Befehle nicht mehr aus. Saul fiel bei Gott in Ungnade und Samuel sollte einen neuen König suchen.

Gott sprach zu Samuel: „Nimm dein Horn mit Öl und gehe nach Bethlehem zu Isai. Einen seiner Söhne habe ich ausgewählt."

Als Samuel in Bethlehem ankam, lud er Isai und seine Söhne ein, mit ihm ein Opferfest für Gott zu begehen. Alle Söhne Isais waren groß und stattlich und Samuel dachte bei jedem, er sei der Auserwählte. Aber Gott gab ihm kein Zeichen.

„Achte nicht auf das Aussehen und die stattliche Gestalt. Du musst in das Herz eines Menschen sehen", sagte Gott.

„Sind das alle deine Söhne?“, fragte Samuel. Und Isai antwortete: „Der jüngste Sohn fehlt noch. David ist auf der Weide und hütet die Schafe.“ Samuel bat Isai, David zu holen. Als er vor Samuel stand, sprach Gott: „Salbe ihn. Er ist der Auserwählte.“

Samuel salbte den jungen David inmitten seiner Brüder zum König. Von diesem Tag an fühlte David, dass Gott bei ihm war. Samuel brach auf und kehrte nach Hause zurück.

David und Goliath

1 Samuel 16–17

David lebte ganz normal weiter und hütete die Schafe seines Vaters. Um sich die Zeit zu vertreiben, begann er, sich in der Technik der Steinschleuder zu üben. Bald war er so geschickt, dass er Bären und Löwen, die die Herde angreifen wollten, abwehren konnte.
Auch das Harfespiel beherrschte er perfekt.

Saul, der immer noch König war, hatte immer öfter schlechte Laune. Einem seiner Diener kam der Gedanke, dass möglicherweise Harfenmusik die Wutanfälle des Königs besänftigen könnte. Da man auch bei Hofe von dem wunderschönen Harfespiel Davids wusste, sandte man nach ihm. So kam David zu Saul und trat in seinen Dienst. Tatsächlich konnte er den König mit seiner Musik beruhigen und Saul gewann David mit der Zeit lieb. David war aber nicht immer beim König. Zwischendurch hütete er nach wie vor seine Schafherde. Eines Tages traf die Nachricht ein, dass die Philister zum Kampf gegen die Israeliten aufgerufen hatten. Saul versammelte sein Heer um sich. Drei von Davids Brüdern waren in Sauls Armee und David machte sich auf, um ihnen Vorräte zur Stärkung für den Kampf ins Lager zu bringen.

Als er im Lager ankam, war Sauls Armee gerade dabei, gegen den Feind auszurücken. Doch bald schon kamen die Soldaten wieder zurück.

„Wovor lauft ihr davon?“, fragte David. Die Soldaten deuteten aufgeregt hinter sich. Als David sich umdrehte, sah er den Führer der Philister: ein riesiger Mann, fast doppelt so groß wie die Krieger um ihn herum. Er trug eine glänzende Rüstung aus Bronze und hatte die größte Waffe bei sich, die David je gesehen hatte. Der Krieger war Goliath, der Riese von Gat.

Goliath trat vor die fliehenden Israeliten und rief höhnisch: „Wo ist denn euer Held? Schickt ihn mir, damit ich mit ihm kämpfen kann. Besiegt er mich, werden die Philister eure Sklaven sein. Bezwinge ich ihn, so seid ihr die unsrigen.“ Niemand wagte es, sich mit Goliath zu messen. Alle hatten Angst vor dem Riesen.

Nur David fürchtete sich nicht. Er ging zu Saul. „Lass mich mit Goliath kämpfen“, sagte er. „Ausgeschlossen, du bist zu jung und unerfahren“, antwortete Saul. „Ich habe Löwen und Bären getötet, um die Schafe meines Vaters zu schützen. Gott war immer an meiner Seite und so wird er mir auch diesmal helfen.“

Saul willigte schließlich ein. Er gab David seine eigene Rüstung, setzte ihm einen bronzenen Helm auf und hängte ihm sein Schwert um. David versuchte in der Rüstung zu laufen, aber sie war so schwer, dass er sich kaum bewegen konnte. Er nahm die Rüstung wieder ab.

Statt des Schwertes, mit dem er gar nicht umgehen konnte, wählte er die Waffe, die ihm vertraut war: seine Steinschleuder. Er ging zum Bach, suchte sich fünf glatte, große Kieselsteine aus und ging mutig auf den Riesen zu.

Voller Verachtung sah Goliath auf David nieder und brüllte ihn an: „Bin ich etwa ein Hund, dass du mit einem Stock auf mich losgehen willst? Warte, ich werde dich zerfetzen und den Geiern zum Fraß vorwerfen.“

„Ich komme zu dir im Namen des Gottes Israels. Nicht ich, sondern die Philister werden es sein, die den Geiern zum Fraß dienen. Denn ich werde dich besiegen“, sagte David und blieb ganz ruhig.

Als Goliath näher kam, nahm David einen Stein und schleuderte ihn gegen die Stirn des Riesen. Ein gewaltiges Zittern durchlief Goliaths Körper. Er breitete die Arme aus, wankte und stürzte tot zu Boden.

Als die Philister sahen, dass ihr größter Krieger tot war, ergriffen sie voller Entsetzen die Flucht. Die Israeliten nahmen die Verfolgung auf und besiegten den verhassten Feind.

David, König von Israel

2 Samuel 1–6, 11–18; 1 Könige 1

Nach Sauls Tod kamen die Ältesten aller Stämme Israels zu David und salbten ihn zum König. David war dreißig Jahre alt, als er König wurde, und er regierte vierzig Jahre lang. Seine Herrschaft war eine glorreiche Zeit und er besiegte unendlich viele Feinde Israels. Er eroberte Jerusalem von den Jebusitern und brachte die heilige Truhe mit Gottes Gesetzen dorthin.

Das war ein Fest, als David in Jerusalem einzog! David hatte Jerusalem zur Stadt Gottes gemacht. Er selbst ließ sich in der Burg Zion in Jerusalem nieder.

David war ein großer und gerechter König und Gott treu ergeben. Aber auch er machte große Fehler. Eines Tages sah er eine wunderschöne Frau, die am Fluss badete, und verliebte sich sofort in sie. Er erfuhr, dass sie Batseba hieß und bereits verheiratet war. Doch das störte David wenig. Er wollte Batseba für sich haben, koste es, was es wolle. Und so sorgte er dafür, dass Batsebas Mann, der ein tapferer Soldat war, in einer Schlacht getötet wurde. Sobald Batsebas Trauerzeit vorbei war, wurde sie Davids Frau. Gott hatte gesehen, was David getan hatte, und war sehr erzürnt. Er schickte den Propheten Nathan zu David, der ihm großes Unheil voraussagte. David war voller Reue und flehte Gott um Vergebung an. David hatte acht Frauen, zehn Nebenfrauen und zahllose Kinder. Abschalom, einer von Davids Söhnen, war ein ehrgeiziger Mann und bei den Israeliten sehr beliebt.

Er wollte König werden und den Thron seines Vaters an sich reißen. Mit einer großen Anhängerschar marschierte er nach Jerusalem, um seinen Vater zu stürzen. David floh aus Jerusalem, sammelte seine Truppen und bereitete sich auf den Kampf gegen Abschalom vor. Unmittelbar vor der Schlacht ermahnte er seine Heeresführer, Abschaloms Leben zu schonen, denn er liebte seinen Sohn noch immer von ganzem Herzen.
Doch Davids Befehl wurde nicht befolgt.
Abschalom wurde getötet und seine Armee von Davids Soldaten besiegt.

David wurde von tiefer Trauer überwältigt und beweinte den Tod seines Sohnes. Immer wieder rief er ganz verzweifelt: „Mein Sohn, mein Sohn! Wäre ich doch an deiner Stelle gestorben!“

Da Abschalom tot war, wollte Adonija, der zweitälteste Sohn, den Thron für sich. Doch Gott hatte bestimmt, dass Salomo, Batsebas Sohn, Davids Nachfolger werden sollte. Deshalb ließ David noch zu seinen Lebzeiten Salomo zum König salben.

Salomo, der Weise

1 Könige 1–4

Nach Davids Tod wurde Salomo König. Er vertrieb die Feinde seines Vaters und danach war das gesamte Königreich fest in Salomos Hand.

Eines Nachts erschien Gott Salomo im Traum und sagte: „Du darfst mich um etwas bitten. Ich werde dir deine Bitte gewähren."
Salomo antwortete: „Verleihe mir Weisheit, damit ich dein Volk zu regieren verstehe und das Gute vom Bösen unterscheiden kann."
Diese Bitte gefiel Gott und Salomo wurde der weiseste König, den es je auf dem Thron Israels gegeben hat.

Bald wurde die Weisheit des jungen Salomo auf die Probe gestellt. Er sollte den Streit zwischen zwei Frauen schlichten. Die beiden Frauen wohnten im gleichen Haus und beide hatten fast zur gleichen Zeit ein Kind bekommen. Das Kind der einen Frau war aber kurz nach der Geburt gestorben. Nun beschuldigte die eine Mutter die andere, ihr totes Kind gegen das lebende ausgetauscht zu haben. Die beiden fingen an, sich vor Salomo heftig um das lebende Kind zu streiten.

„Holt mir ein Schwert!“, sprach Salomo. „Wir werden das Kind in der Mitte teilen und jeder der beiden Frauen eine der Hälften geben.“

Die falsche Mutter stimmte zu. Die wahre Mutter aber schrie voller Entsetzen auf: „Bitte, Herr, gebt dieser Frau das Kind und tötet es nicht. Lieber soll sie es haben, als dass es stirbt.“ Salomo wusste nun, wer die richtige Mutter war, und gab ihr das Kind.

Das ganze Volk hörte von dieser Geschichte und anderen Weisheiten Salomos. Wie sein Vater war auch Salomo ein großer Dichter und Komponist. Er verfasste über dreitausend Sprichwörter und über eintausend Lieder.

Von vielen Völkern kamen Ratsuchende zu Salomo und auch die Königin von Saba hörte von ihm.

Sie reiste mit ihrem Gefolge nach Jerusalem an den Hof Salomos, um sich selbst von seiner Weisheit zu überzeugen.

Ihre Ankunft beeindruckte das ganze Volk. Ihre Diener trugen die Geschenke für Salomo: Juwelen, Gold und die teuersten Gewürze der Welt.

Sie stellte Salomo mit unzähligen Rätselfragen auf die Probe. Salomo beantwortete alle ihre Fragen richtig und ohne zu zögern.

Und die Königin von Saba sorgte dafür, dass die ganze Welt von Salomos Weisheit erfuhr.

Der Tempelbau zu Jerusalem

1 Könige 5-8

Als Salomo das vierte Jahr an der Regierung war, begann er zu Ehren Gottes mit dem Bau eines wunderschönen Tempels.
Er war genau nach dem Heiligtum angelegt, das die Israeliten unter Mose einst in der Wüste gebaut hatten. Nur war er natürlich viel größer und viel herrlicher ausgestattet.

Die Fundamente und Mauern waren aus Stein. Danach wurde alles mit feinstem Holz vertäfelt. Unmengen von Zedernholz wurden hierfür benötigt.

Im hinteren Teil des Tempels befand sich die Gotteswohnung, der Raum, in dem die Truhe mit Gottes Gesetzen aufbewahrt wurde. Hier waren die Wände und auch der Boden mit purem Gold bedeckt.

Salomo ließ auch einen goldenen Altar bauen und zehn siebenarmige Leuchter aus Gold schmieden. Alle anderen Gegenstände im Tempel waren ebenfalls aus Gold: Tische, Becher, Schalen, aller Zierrat und alle Gebrauchsgegenstände.

Sieben Jahre dauerte der Tempelbau und Tausende von Männern hatten daran gearbeitet. Der Tempel war zu einem atemberaubenden Bauwerk geworden.

Als alles perfekt war, rief Salomo die Ältesten Israels zu sich und die Truhe mit Gottes Gesetzen wurde von den Priestern feierlich in die Gotteswohnung getragen. Als die Truhe auf ihrem Platz stand, erfüllte sich der Tempel mit einem gleißenden Licht – Gott war gegenwärtig.

Salomo betete zu Gott und bat ihn darum, die Gebete seines Volkes anzuhören, die Sünden der Israeliten zu vergeben und ihnen zu helfen, wann immer sie seine Hilfe brauchten.

Nach der feierlichen Zeremonie feierte das Volk Israel ein großes Fest, das sieben Tage dauerte. Alle waren glücklich und voller Freude über all das Gute, das Gott an seinem Volk getan hatte.

Die Teilung des Königreichs

1 Könige 9–12

Salomo errichtete nicht nur den Tempel. Er baute auch herrliche Paläste, riesige Getreidespeicher und die Mauer um Jerusalem.

Salomo verfügte über eine riesige Flotte, die mit anderen Ländern Handel trieb, ihm Gold, Silber, Elfenbein und Gewürze brachte und ihn zum reichsten König der Erde machte.

Je mehr Frauen ein Herrscher hatte, desto mächtiger war er. Und so hatte Salomo viele Frauen, die meisten davon stammten aus dem Ausland. Die fremden Prinzessinnen verehrten aber nicht den Gott der Israeliten, sondern beteten ihre eigenen Götter an. Sie überredeten Salomo, ihren Göttern zu huldigen, und er baute sogar Kultstätten für die fremden Gottheiten. Seinem Gott blieb er somit nicht treu.

Das erregte Gottes Zorn und er sprach zu Salomo: „Weil du meine Gebote nicht befolgt hast, werde ich dir dein Königreich nehmen. Um Davids Willen wird dies nicht zu deinen Lebzeiten geschehen, aber deinem Sohn werde ich es nehmen.“

Als Salomo nach einer Herrschaft von über vierzig Jahren starb, kam es zur Teilung Israels. Von nun an gab es zwei Königreiche: Israel im Norden und Juda im Süden. Der Herrscher über Israel war Jerobeam, ein ehemaliger Beamter Salomos. Juda gehörte Salomos Sohn Rehabeam.

Wer ist der wahre Gott?

1 Könige 16–19

Sechzig Jahre vergingen, in denen vier Könige über Juda und sechs Könige über Israel herrschten. Keiner der Nachfolger Jerobeams glaubte an Gott. Ahab war der siebte König in Israel seit der Teilung. Er heiratete Isebel und mit ihr zusammen verehrte er ihren Gott Baal. Ihm baute Ahab einen prachtvollen Tempel.

Zu dieser Zeit lebte ein großer Prophet namens Elija, der sehr gottesfürchtig war. Gott erschien Elija und schickte ihn mit einer Nachricht zu König Ahab: „Zur Strafe, weil du andere Götter verehrst, werden drei Jahre lang in Israel weder Tau noch Regen fallen."

Damit Elija sicher vor dem Zorn Ahabs war, führte Gott ihn zu einer Höhle an einem Bach auf der anderen Seite des Jordan. Dort brachten ihm Raben zu essen und er trank aus dem Bach. Bald aber trocknete der Bach aus, denn es fiel kein Regen mehr im ganzen Land.

Da schickte Gott Elija zu einer Witwe, die sich um ihn kümmern sollte. Und Gott sorgte dafür, dass beide immer genug zu essen und zu trinken hatten.

Alle anderen Menschen im Land litten fürchterlich unter der Dürre.

Im dritten Jahr der Dürrezeit schickte Gott Elija erneut zu Ahab. „Bist du es, der Verderber Israels?“, rief Ahab.

„Ich habe Israel nicht ins Verderben gestürzt, sondern du. Du hast Gott nicht gehorcht!“, antwortete Elija. „Schick deine Anhänger und die Propheten von Baal zum Berg Karmel, um mich dort zu treffen. Dort werden wir sehen, wer der wahre Gott ist.“

Ahab tat, was Elija verlangte.

Als alle versammelt waren, forderte Elija die Propheten von Baal heraus. „Ihr opfert Baal einen Stier und auch ich werde Gott einen Stier opfern. Jeder baut einen Altar, bedeckt ihn mit Holz und legt den Stier darauf, zündet aber kein Feuer an. Dann soll jeder den Namen seines Gottes anrufen. Der wahre Gott ist der, der mit Feuer antwortet."

Das Volk und die Propheten fanden den Vorschlag gut. „So soll es sein!", sagten sie. Die Priester von Baal riefen den ganzen Tag ihren Gott an, aber es geschah nichts.

Elija legte zusätzlich um seinen Altar einen Graben, den er mit Wasser füllte. Auch den Stier auf dem Altar begoss er mit Wasser. Dann begann Elija mit seinem Gebet. Kaum hatte er die letzten Worte gesprochen, schickte Gott Feuer. Und obwohl der Altar und das Brandopfer feucht waren, ging alles in Flammen auf.

Das Volk warf sich nieder und rief: „Das ist der wahre Gott!“

Dann verfinsterte sich der Himmel, ein starker Wind kam auf und es begann zu regnen. Die große Dürre war endlich vorbei. Alle waren glücklich und jubelten Elija zu.

Als aber Königin Isebel erfuhr, was geschehen war, schwor sie voller Zorn, den Propheten aus Rache für das, was er getan hatte, zu töten.

Elija floh in die Wüste und begab sich zum Berg Sinai, wo einst Mose die Gesetze Gottes empfangen hatte.

Dort erschien ihm Gott: „Du musst umkehren. Führe das Volk Israel zu seinem wahren Gott zurück.“ Elija gehorchte und diente Gott treu bis an sein Lebensende.

Daniel in der Löwengrube

Daniel 1, 6

Doch Gottes Volk vergaß seinen Herrn. So schickte Gott neue, fremde Herrscher. Eines Tages besiegte Nebukadnezar, der König von Babylon, das Volk von Juda. Der König machte viele Gefangene und ließ sie nach Babylon bringen. Unter den Verschleppten war eine Gruppe junger Männer aus Jerusalem. Einer von ihnen war Daniel.

Da Daniel und seine Freunde aus vornehmen israelitischen Familien stammten, wurden sie ausgewählt, um zu Dienern des königlichen Hofes ausgebildet zu werden. Von nun an studierten sie und sprachen auch bald die Sprache der Babylonier. Daniel war sehr wissbegierig und fleißig und wurde mit der Zeit sehr klug.

Daniel diente Nebukadnezar und danach seinem Sohn Belschazzar. Später besiegten die Perser Babylon und ihr Führer Darius wurde König. Daniel wurde von Darius sehr geschätzt und der neue König ernannte Daniel zu einem seiner drei höchsten Beamten. Daniel war ein guter Verwalter des Landes, unbestechlich und gerecht, und seinem König treu ergeben. Als Darius plante, Daniel zum Mächtigsten nach ihm selbst zu machen, wurden die anderen Beamten neidisch und verschworen sich gegen Daniel.

Sie suchten nach Gründen, um Daniel beim König anklagen zu können. Aber da fand sich nichts. Daniel war einfach vorbildlich. Schließlich verfielen sie auf eine List. Sie wussten nämlich, dass Daniel ein frommer Mann war, der jeden Tag zu Gott betete und um seinen Beistand bat.

Sie überredeten den König, ein neues Gesetz zu erlassen. Jeder, der innerhalb der nächsten dreißig Tage an einen Gott oder einen Menschen – außer an den König – eine Bitte richtete, sollte in die Löwengrube geworfen werden.

Darius fühlte sich sehr geschmeichelt und ließ das Gesetz öffentlich bekannt machen.

Daniel hörte von dem Gesetz, aber das konnte ihn nicht davon abhalten, zu Gott zu beten. Seine Widersacher überraschten ihn mitten im Gebet, gingen zum König und erhoben Anklage gegen Daniel.

Darius begriff, dass Daniel das Opfer einer bösen Intrige geworden war. Und obwohl er Daniel sehr schätzte, konnte er nichts tun. Ein erlassenes Gesetz konnte man nicht zurücknehmen.

Am Abend wurde Daniel in eine tiefe Grube geworfen, in der die hungrigen Löwen schon unruhig brüllend auf und ab liefen. Dann wurde die Grube mit einer Felsplatte verschlossen und so versiegelt, dass kein Unbefugter sie öffnen konnte.

Der König war so verzweifelt über Daniels Schicksal, dass er keinen Bissen anrühren und die ganze Nacht nicht schlafen konnte.

Schon bei Morgengrauen lief er zur Löwengrube. „Daniel, hat dein Gott dich vor den Löwen erretten können?“, rief er voller Sorge.

Er war unendlich froh, als er Daniel antworten hörte: „Gott wusste, dass ich nichts Falsches getan habe. Er hat mir seine Engel geschickt und mich beschützt.“

Darius ließ Daniel sofort aus der Grube herausholen. „Groß bist du, Herr, du Gott Daniels. Außer dir gibt es keinen anderen Gott!“, rief Darius.

Die Männer aber, die Daniel so übel mitgespielt hatten, wurden zur Strafe selbst in die Löwengrube geworfen.

Jona und der Riesenfisch

Jona 1–4

Ein Prophet Gottes zu sein, war oft gefährlich. Denn Gott schickte seine Boten meist mit Nachrichten aus, die großes Unglück für die Betroffenen bedeuteten. Viele Propheten wurden deshalb gehasst, verfolgt und häufig getötet.

Eines Tages rief Gott Jona zu sich und trug ihm auf, in die Stadt Ninive, die Hauptstadt von Assyrien, zu gehen. „Sag den Assyrern, dass ich ihnen mit dem Strafgericht drohe. Ich habe ihre Schandtaten lange genug angesehen und kein Verständnis für die Feindschaft gegen mein Volk.“

Jona hatte nicht die Absicht, das auszuführen, was ihm Gott aufgetragen hatte. Statt nach Ninive ging er nach Jafo und bestieg ein Schiff, das nach Spanien fahren sollte – weit weg von seinem Gott!

Nachdem das Schiff die Segel gesetzt hatte, ließ Gott einen gewaltigen Sturm aufkommen. Die Seeleute bekamen Angst und jeder flehte seinen Gott um Hilfe an. Doch der Sturm tobte weiter und das Schiff drohte zu kentern.

Jona gestand den Seeleuten: „Es ist meine Schuld. Gott zürnt mir, weil ich mich ihm widersetzt habe. Deshalb hat er diesen furchtbaren Sturm geschickt. Werft mich über Bord, dann wird sich der Wind legen.“

Die Seeleute wollten das nicht tun und versuchten weiter, dem Sturm zu trotzen. Doch dann befolgten sie, was Jona vorgeschlagen hatte. Kaum berührte Jonas Körper das Wasser, beruhigte sich die See.

Jona hatte Angst zu ertrinken und flehte Gott um Hilfe an.
Und Gott erhörte ihn. Er schickte einen riesengroßen Fisch, der Jona verschluckte.

Drei Tage und drei Nächte verbrachte Jona im Bauch des Fisches.
Jona bereute seinen Ungehorsam und betete inständig zu Gott.

Gott war sicher, dass Jona von nun an das Richtige tun würde und bestrafte ihn nicht weiter. Er befahl dem Fisch, Jona an einem Strand wieder auszuspucken.

Erneut schickte Gott Jona nach Ninive. Diesmal gehorchte er und machte sich sofort auf den Weg. „In vierzig Tagen wird Ninive zerstört werden, wenn seine Einwohner keine Reue zeigen“, verkündete er überall.

Zu seinem großen Erstaunen hörten die Menschen von Ninive auf seine Worte, beteten zu Gott und veränderten sich zum Guten.

Und Gott zerstörte die Stadt nicht.

Jona schmollte. Er konnte nicht verstehen, warum Gott so gnädig war. Schließlich waren die Assyrer ungeheuer grausam gewesen, als sie Israel eroberten. „Ich bin unendlich enttäuscht! Würde ich sterben, ginge es mir besser“, sagte er.

Draußen vor der Stadt setzte er sich auf den Boden und wartete trotzig in der heißen Sonne, was als Nächstes geschehen würde.

Gott beschloss, Jona eine Lehre zu erteilen. Er ließ eine Pflanze wachsen, die Jona Schatten spendete. Jona freute sich über den Strauch und sein Trotz legte sich.

Am nächsten Tag aber ließ Gott die Pflanze vertrocknen und schickte dazu noch einen heißen Wind. Jona litt fürchterlich unter der Hitze. „Warum hast du den Strauch verdörren lassen? Er tut mir Leid“, fragte er Gott.

„Dir tut der Strauch also Leid! Dabei hast du ihn weder gepflanzt, noch aufgezogen, noch gepflegt. Und ich soll kein Mitleid haben mit Ninive, einer Stadt, in der hundertzwanzigtausend Menschen leben? Und ich soll all die Kinder vernichten, die völlig unschuldig sind?“, antwortete Gott.

Da verstand Jona, dass Gott nicht dem Volk Israel allein gehörte, sondern für alle Menschen da war, die auf der Erde lebten.

Die Botschaft der Hoffnung

Jesaja 9; Micha 5

Die Propheten kündigten aber nicht immer nur die Strafe Gottes an. Jesaja, ein sehr berühmter Prophet, gab dem Volk von Jerusalem wieder Hoffnung. So prophezeite er: „Ein Kind ist uns geboren, ein Sohn ist uns geschenkt. Die Herrschaft liegt auf seiner Schulter. Er wird starker Gott, Vater in Ewigkeit und Fürst des Friedens genannt. Seine Herrschaft ist groß und der Friede wird ewig sein."

Viele, viele Jahre später berichtete der Prophet Micha von Gottes Versprechen, dass ein großer Herrscher Israel den Frieden bringen würde. „In der ganzen Welt werden die Menschen seine Größe und göttliche Erhabenheit verehren. Er wird der König des Friedens sein", sprach Micha und berichtete auch davon, dass der Erwartete aus der Stadt Bethlehem kommen würde.

Beide, Jesaja und Micha, sprachen von Jesus, Gottes Sohn.
Seine Geschichte wird im Neuen Testament erzählt.

DAS NEUE TESTAMENT

Vater unser im Himmel,
geheiligt werde dein Name.
Dein Reich komme,
dein Wille geschehe,
wie im Himmel, so auf Erden.
Unser täglich Brot gib uns heute.
Und vergib uns unsere Schuld,
wie auch wir vergeben unseren Schuldigern.
Und führe uns nicht in Versuchung,
sondern erlöse uns von dem Bösen.
Denn dein ist das Reich
und die Kraft und die Herrlichkeit in Ewigkeit.
Amen.

Gabriel, der Himmelsbote

Lukas 1; Matthäus 1

Zu der Zeit, als Herodes König von Judäa und Galiläa war, war das Land bereits von den Römern besetzt, die die eigentlichen Herrscher waren. In Nazareth, einer kleineren Stadt in Galiläa im Norden Israels, lebte eine junge Frau, die Maria hieß. Sie war mit dem Zimmermann Josef verlobt, der ein Nachkomme König Davids war.

Eines Tages, als Maria gerade fleißig im Haus arbeitete, stand plötzlich ein Fremder im Raum. Maria erschrak sich sehr.

„Fürchte dich nicht, Maria, du Begnadete, der Herr ist mit dir!
Ich bin Gabriel. Gott hat mich zu dir gesandt, um dir eine Botschaft zu überbringen. Er hat dich unter allen Frauen ausgewählt, die Mutter des lang erwarteten Königs des Friedens zu sein. Du wirst ein Kind bekommen – Gottes Sohn – und es soll Jesus heißen."

„Wie soll das geschehen? Ich bin doch gar nicht verheiratet!", fragte Maria ganz verwirrt.

„Der Heilige Geist wird über dich kommen, wird dich mit Gottes Kraft erfüllen und dein Kind wird heilig sein. Glaube an die Kraft Gottes, denn er kann alles tun, wenn man ihm vertraut. Denk doch nur an deine Kusine Elisabet. Sie hat durch Gottes Kraft im hohen Alter ihr erstes Kind empfangen. Auch sie wird einen Sohn bekommen.“

Maria zweifelte nun nicht mehr daran, dass sie von Gott erwählt war. „Ich bin die Magd des Herrn, des Allmächtigen, und es soll geschehen, was er verlangt“, sagte Maria und kniete ehrfürchtig nieder.

Nachdem Gabriel sie verlassen hatte, machte sich Maria auf den Weg, um Elisabet zu besuchen, die tatsächlich schwanger war. Maria blieb drei Monate bei ihr und half ihr, so gut sie konnte.

Als Josef erfuhr, dass Maria ein Kind erwartete, wollte er die Verlobung mit ihr auflösen. Denn er konnte nicht der Vater sein.

Während er noch darüber nachdachte, erschien ihm im Traum ein Engel des Herrn, der zu ihm sprach: „Löse die Verlobung mit Maria nicht auf. Sie hat nichts Unrechtes getan. Das Kind, das sie erwartet, ist Gottes Sohn. Er soll Jesus heißen und wird sein Volk von seinen Sünden erlösen."

Als Josef aufwachte, war er froh über die Botschaft, die er vernommen hatte. Er ging zu Maria und heiratete sie. Und für das Kind wollte er sorgen wie für sein eigenes.

Die Reise nach Bethlehem

Matthäus 2

Alle Provinzen Palästinas waren damals ein Teil des Römischen Reiches, das von Kaiser Augustus regiert wurde. Die Römer erhoben von all ihren Untertanen Steuern, auch von den Juden in Palästina. Um nicht den Überblick zu verlieren und sicherzustellen, dass jeder zahlte, gab Augustus den Befehl, alle Bewohner des Reiches in Steuerlisten zu erfassen. Deshalb musste sich jedermann zu der Stadt begeben, aus der seine Familie stammte, damit er registriert werden konnte.

Josefs Familie stammte aus der Stadt Bethlehem in Judäa. Und so traten Josef und Maria die Reise dorthin an. Es war ein beschwerlicher Weg, denn Maria war hochschwanger. Sie musste auf einem Esel reiten, das war damals das Reit- und Lasttier der armen Leute. Josef ging zu Fuß neben dem Esel her. Nach einer langen Reise, die viele Tage und Nächte dauerte, erreichten sie endlich die Stadt Bethlehem. Beide waren völlig erschöpft.

Die Stadt war voller Menschen, die alle angereist waren, um sich registrieren zu lassen. Überall waren die Herbergen hoffnungslos überfüllt.

Josef konnte nirgendwo in Bethlehem einen Schlafplatz für Maria und sich finden. Ein Gastwirt, dem die schwangere Maria Leid tat, bot den beiden seinen Stall als Bleibe an.

Der Stall war nicht sehr sauber und natürlich waren hier die Tiere untergebracht. Aber es gab frisches Stroh, auf dem man weich schlafen konnte.

In dieser Nacht brachte Maria ihren Sohn zur Welt. Sie wickelte ihn mollig in Tücher ein und legte ihn in eine mit Stroh gefüllte Futterkrippe.

Die Hirten

Lukas 2

In der Gegend um Bethlehem lagerten Hirten auf freiem Feld und hielten Nachtwache bei ihren Schafen. Auf einmal erstrahlte ein helles Licht über ihnen am Himmel und es wurde taghell.

Die Hirten bedeckten geblendet ihre Augen und fürchteten sich. Da erschien den Hirten ein Engel Gottes und sagte zu ihnen: „Fürchtet euch nicht, denn ich verkünde euch eine große Freude, die dem ganzen Volk zuteil werden soll. Heute ist euch in der Stadt Davids der Retter geboren; er ist der Messias, der Herr. Und das soll euch als Zeichen dienen: Ihr werdet ein Kind finden, das in Windeln gewickelt in einer Krippe liegt."

Nach und nach versammelten sich rund um den Engel viele andere Engel. Ein großes himmlisches Heer stand am Himmel, lobte Gott und sang: „Ehre sei Gott in der Höhe und Frieden auf Erden den Menschen seiner Gnade.“

Als die Engel in den Himmel zurückgekehrt waren, verdunkelte sich alles wieder und es war finstere Nacht.

Da sagten die Hirten zueinander: „Kommt, lasst uns nach Bethlehem gehen und das Kind sehen, von dem der Engel des Herrn gesprochen hat.“

Sie ließen ihre Schafe zurück und machten sich auf den Weg.

Sie fanden Maria und Josef mit ihrem Kind, das in der Krippe lag. Und sie erzählten, was ihnen der Engel über das Kind gesagt hatte.

Allen Menschen, die sie auf dem Rückweg zu ihren Herden trafen, berichteten sie von dem wunderbaren Ereignis dieser Nacht und eine große Freude breitete sich unter dem Volk aus.

Die Weisen aus dem Morgenland

Matthäus 2

Die Hirten waren nicht die einzigen, die kamen, um das Jesuskind zu sehen.

Weit weg im Morgenland hatten drei Sterndeuter einen neuen Stern am Himmel aufgehen sehen. Sie wussten, dass dies etwas Besonderes zu bedeuten hatte und ein Zeichen war.

Sie reisten dem Sternleuchten nach, das sie bis nach Jerusalem führte. Dort fragten sie überall in der Stadt: „Wo ist der Messias, der neugeborene König der Juden? Wir haben seinen Stern aufgehen sehen und sind gekommen, um ihm zu huldigen."

Als Herodes, der König der Juden, von den drei Weisen und dem Grund ihrer Reise hörte, erschrak er sehr, denn er fürchtete um seinen Thron.

Er rief seine berühmtesten Gelehrten und erkundigte sich bei ihnen, wo der Messias zu finden sei. „In der Stadt Bethlehem in Judäa. So haben es die Propheten geschrieben", antworteten sie.

Herodes bat die drei Sterndeuter an den Hof und ließ sich von ihnen sagen, wann genau ihnen der Stern erschienen war. Denn Herodes wollte berechnen, wie alt das Kind inzwischen war.

Dann sagte er zu den drei Weisen: „Geht nach Bethlehem und forscht nach, wo das Kind ist. Wenn ihr es gefunden habt, berichtet mir sofort, damit auch ich ihm die Ehre erweisen kann.“

In Wahrheit aber hatte Herodes Fürchterliches im Sinn.

Die drei Weisen machten sich auf den Weg. Der Stern, den sie hatten aufgehen sehen, zog vor ihnen her bis zu dem Ort, wo das Kind war.

Sie kamen zu dem Haus, in dem Maria und Josef jetzt wohnten. Ehrfürchtig gingen sie vor dem Kind in die Knie und breiteten vor ihm die Geschenke aus, die sie aus der Ferne mitgebracht hatten: Gold, Weihrauch und Myrre.

Im Traum erschien Gott den Weisen und warnte sie davor, zu Herodes zurückzukehren und ihm zu berichten, was sie gesehen hatten.
So zogen sie auf einem anderen Weg heim in das Morgenland.

Auch Josef wurde im Traum von einem Engel gewarnt: „Steh auf, nimm das Kind und seine Mutter und fliehe nach Ägypten. Dort bleibt ihr, bis ich dir etwas anderes auftrage. Ihr seid in großer Gefahr. Herodes wird nach dem Kind suchen lassen, um es zu töten."

Mitten in der Nacht noch stand Josef auf und machte sich mit Maria und dem Jesuskind auf den Weg.

Der zwölfjährige Jesus im Tempel

Lukas 2, 41–52

Nach Herodes Tod erschien der Engel des Herrn Josef wieder im Traum und wies ihn an, in seine Heimat zurückzukehren.

Josef ließ sich mit seiner Familie in Nazareth, einem Ort in Galiläa, nieder, wo Jesus seine Kindheit verbrachte.

Jahr für Jahr pilgerten Maria und Josef nach Jerusalem, um dort das Passahfest zu feiern. Als Jesus zwölf Jahre alt war, nahmen ihn seine Eltern mit zu dem großen Wallfahrtsfest.

Nachdem die Festtage zu Ende waren, machten sich alle auf den Heimweg. Jesus aber blieb in Jerusalem im Tempel zurück, was seine Eltern nicht bemerkten. Sie dachten, er wäre bei Verwandten und würde ein Stück mit ihnen reisen. Als sie schon eine Tagesreise hinter sich hatten, machten sie sich Sorgen und suchten nach Jesus. Doch keiner der Verwandten hatte ihn gesehen.

Maria und Josef kehrten nach Jerusalem zurück und suchten die ganze Stadt nach Jesus ab. Nach drei Tagen endlich fanden sie ihn im Tempel. Dort saß er mitten unter den Lehrern, hörte ihnen aufmerksam zu und stellte viele Fragen. Alle waren über sein Wissen und seine Klugheit erstaunt.

„Wie konntest du uns das antun? Wir haben dich voller Angst tagelang gesucht!“, fragte Maria ihn vorwurfsvoll.

„Warum habt ihr mich überhaupt suchen müssen? Wusstet ihr denn nicht, dass ich im Haus meines Vaters sein würde?“, antwortete Jesus.

Maria und Josef verstanden nicht, was er mit diesen Worten sagen wollte. Sie fragten nicht weiter, sondern waren froh, dass ihm nichts geschehen war, und sie kehrten mit Jesus nach Nazareth zurück.

Johannes, der Täufer

Matthäus 3; Markus 1, 1–11; Lukas 3, 1–18; Johannes 1, 19–34

Marias Kusine Elisabet und ihr Mann Zacharias hatten ihren Sohn Johannes genannt. So hatte es Gott gewollt. Zacharias erzog seinen Sohn nach den Gesetzen Gottes und Johannes wurde ein frommer, gottesfürchtiger Mensch.

Johannes zog in die Wüste und lebte dort ein einfaches Leben. Er verkündete Gottes Lehren und Botschaften und die Menschen kamen von weit her, um seine berühmten Predigten zu hören.

Johannes ermahnte seine Zuhörer, ein besseres Leben zu führen und lehrte sie, Gutes zu tun.

Er drängte die Menschen, ihre Sünden zu bereuen und sich taufen zu lassen.

Mit denen, die Gottes Vergebung suchten, ging er zum Ufer des Jordan, führte sie in den Fluss und tauchte ihre Köpfe unter Wasser. Die Taufe war das Zeichen für den Neubeginn eines Lebens ohne Sünde.

Johannes erregte mit seinen Predigten und Taufen großes Aufsehen. Viele waren davon überzeugt, dass Johannes der Messias sei, dessen Kommen die Propheten vorausgesagt hatten.

Doch Johannes widersprach: „Ich habe euch mit Wasser getauft, aber nach mir wird einer kommen, der wird euch mit dem Heiligen Geist taufen."

Eines Tages kam Jesus zum Jordan, um sich von Johannes taufen zu lassen. Johannes hatte Jesus noch nie zuvor gesehen, doch er wusste sofort, dass der Mann, der vor ihm stand, der Messias war. „Ich müsste von dir getauft werden und du kommst zu mir?", fragte Johannes erstaunt.

„Der Herr hat es so bestimmt“, antwortete Jesus und Johannes taufte ihn.

Kaum war dies geschehen, kam Gottes Geist in Gestalt einer Taube zu ihm herab und aus dem Himmel ertönte eine Stimme: „Du bist mein geliebter Sohn, an dir habe ich Gefallen gefunden.“

Die Hochzeit in Kana

Johannes 2, 1–11

In Kana, einer Stadt unweit von Nazareth, fand eine große Hochzeitsfeier statt, zu der Maria und Jesus mit seinen Freunden eingeladen waren.

Als die Hochzeit voll im Gange war, begann der Wein zur Neige zu gehen. Maria wies Jesus darauf hin. Doch Jesus antwortete nervös: „Mutter, was willst du? Meine Stunde ist noch nicht gekommen!“

Doch Maria war sicher, dass ihr Sohn dem Gastgeber aus seiner peinlichen Lage helfen würde, und sie sagte zu den Dienern: „Tut genau das, was Jesus euch sagt."

In der Nähe standen große steinerne Wasserkrüge, die leer waren. Jeder dieser Krüge fasste ungefähr hundert Liter.

Jesus ging zu den Dienern und sagte zu ihnen: „Füllt die Krüge mit Wasser. Schöpft dann etwas davon in einen kleineren Krug ab und füllt dem den Becher, der für das Festmahl verantwortlich ist."

Als die Diener dem Speisemeister den Krug mit dem abgeschöpften Wasser gebracht und davon in seinen Becher gossen hatten, kostete er es und rief dem Bräutigam erstaunt zu: „Jeder andere setzt zuerst den guten Wein vor und danach, wenn die Gäste schon viel getrunken haben, den weniger guten. Du bist ein ganz besonderer Gastgeber, hast du doch den besten Wein bis jetzt zurückgehalten!"

Das war das erste Wunder,
das Jesus vollbrachte.

Die zwölf Apostel

Matthäus 4, 18–25; Markus 1, 14–20; 2, 13–14; Lukas 5, 1–11, 27–28; Johannes 1, 35–44

Fortan predigte Jesus an vielen Orten und verkündete das Evangelium Gottes. Immer hatte er eine große Zuhörerschar. Eines Tages, als Jesus am Ufer des Sees Genezareth entlangging, bemerkte er die Fischer Andreas und Simon, den Jesus später Petrus nannte, die gerade dabei waren, ihre Netze auszuwerfen. Er bat sie, mit ihm zu kommen und sie folgten ihm, ohne zu zögern. Dann trafen sie auf die Fischer Jakobus und Johannes Zebedäus. Auch sie schlossen sich ihm an.

Eines Tages stand Jesus wieder am See Genezareth und eine große Menschenmenge drängte sich um ihn.

Jesus' Ruf als Prediger hatte sich in Windeseile im ganzen Land verbreitet.

Petrus, Andreas, Johannes und Jakobus Zebedäus waren in der Nähe bei ihren Booten und wuschen gerade ihre Netze aus.

Weil die Menschenmenge ihn fast erdrückte, stieg Jesus in das Boot von Petrus und bat ihn, ein Stück weit vom Ufer entfernt auf den See hinauszufahren.

Von dort aus sprach er weiter zu den Menschen.

Als die Predigt zu Ende war, sagte Jesus zu Petrus: „Fahr weiter hinaus auf den See und wirf deine Netze zum Fang aus.“

„Wir haben die ganze Nacht gearbeitet und nichts gefangen. Aber wenn du es sagst, wollen wir unser Glück noch einmal versuchen“, antwortete Petrus.

Kaum hatten Petrus und Andreas die Netze ausgeworfen, füllten sie sich mit so vielen Fischen, dass sie zu reißen drohten.

„Helft uns!“, rief Petrus Jakobus und Johannes zu, die in einem anderen Boot waren. Als die beiden bis zum Rand mit Fischen beladenen Boote am Ufer anlegten, waren die Männer voller Scheu und Ehrfurcht. Dieses Wunder konnten sie kaum fassen!

„Fürchtet euch nicht!“, sagte Jesus. „Ihr braucht keine Angst zu haben. Ich möchte, dass ihr mir folgt und mir helft, das Evangelium so vielen Menschen wie möglich zu verkünden. Denn von jetzt an sollt ihr Menschen fischen.“

Oft betete Jesus allein in den Hügeln zu Gott, seinem Vater. Manchmal betete er die ganze Nacht.

Eines Tages rief er seine Jünger zusammen: Petrus, Andreas, Johannes und Jakobus Zebedäus, Philippus, Matthäus, Bartholomäus, Thomas, Jakobus Alphäus, Simon, Thaddäus und Judas Iskariot.

Jesus betete gemeinsam mit ihnen und erklärte ihnen seine Aufgabe auf Erden. Die zwölf Männer wurden zu seinen besten Freunden und blieben bis an sein Lebensende bei ihm, um an seiner Seite die Menschen für das Reich Gottes zu gewinnen. Sie wurden die Zwölf Apostel genannt.

Die Heilung des Gelähmten

Matthäus 9; Markus 2; Lukas 5

Jesus zog mit seinen Jüngern in ganz Galiläa umher, predigte und heilte viele Krankheiten und Leiden. Überall versammelten sich Menschenmengen um ihn und man brachte Kranke zu Jesus, die er wieder gesund machte.

Eines Tages predigte Jesus in einem Haus, das alsbald völlig überfüllt war, und auch vor dem Haus drängten sich die Menschen, die Jesus hören und von ihm berührt werden wollten.

Da brachten vier Männer ihren Freund auf einer Tragbahre an. Der arme Mann war gelähmt und konnte nicht gehen. Die Freunde hofften, dass Jesus ihm helfen werde, wie er es schon zuvor bei so vielen Menschen getan hatte.

Vergeblich versuchten sie, sich einen Weg durch die Menschenmasse zu bahnen, die vor dem Haus stand. Aber die Männer gaben nicht auf. Sie trugen den Freund mit der Bahre auf das Dach, deckten das Stroh ab und ließen den Gelähmten an langen Seilen genau dort hinab, wo Jesus predigte.

Jesus war bewegt, als er sah, wie fest die Männer an ihn glaubten. Jesus trat zu dem Gelähmten und sprach: „Deine Sünden sind dir vergeben.“

Einige Gelehrte regten sich darüber sehr auf. „Nur Gott selbst kann Sünden vergeben. Was maßt sich Jesus an?“, riefen sie empört.

„Was habt ihr für Gedanken? Ist es nicht leichter zu sagen: ‚Deine Sünden sind vergeben!‘ als ‚Steh auf und geh umher!‘? Aber ihr sollt sehen, dass Gott dem Menschensohn die Macht gibt, beides zu tun“, antwortete Jesus.

Er sah den Gelähmten an und sagte: „Nimm deine Tragbahre und geh nach Hause!“ Der Mann setzte sich auf, stand vor aller Augen auf und ging seines Weges.

Die Menschen priesen Gott und sagten voller Erstaunen: „Nie zuvor haben wir so etwas Wunderbares gesehen.“

Der Hauptmann von Kafarnaum

Matthäus 8, 5–13; Lukas 7, 2–10

In Kafarnaum lebte ein Offizier, der zu einer Söldnertruppe gehörte, die an diesem Grenzort stationiert war. Wie die meisten Soldaten war er kein Jude, hatte aber viele jüdische Freunde. Von ihnen wusste er, dass die frommen Juden die Häuser der Nichtjuden, die sie Heiden nannten, nicht betraten, weil sie glaubten, sie würden sich dadurch verunreinigen.

Der Hauptmann hatte einen jungen Diener, den er sehr schätzte. Eines Tages wurde der Diener schwer krank und die Ärzte wussten keinen Rat mehr.

Als der Hauptmann davon hörte, dass Jesus in der Stadt war und dort predigte, schickte er seine jüdischen Freunde zu ihm mit der Bitte, zu kommen und den Diener zu retten.

Die Freunde taten dem Hauptmann gern den Gefallen. Sie gingen zu Jesus und baten ihn inständig, zu helfen: „Dieser Offizier verdient deine Hilfe. Er ist ein guter Mensch und liebt unser Volk. Er gab uns sogar Geld zum Bau einer Synagoge.“

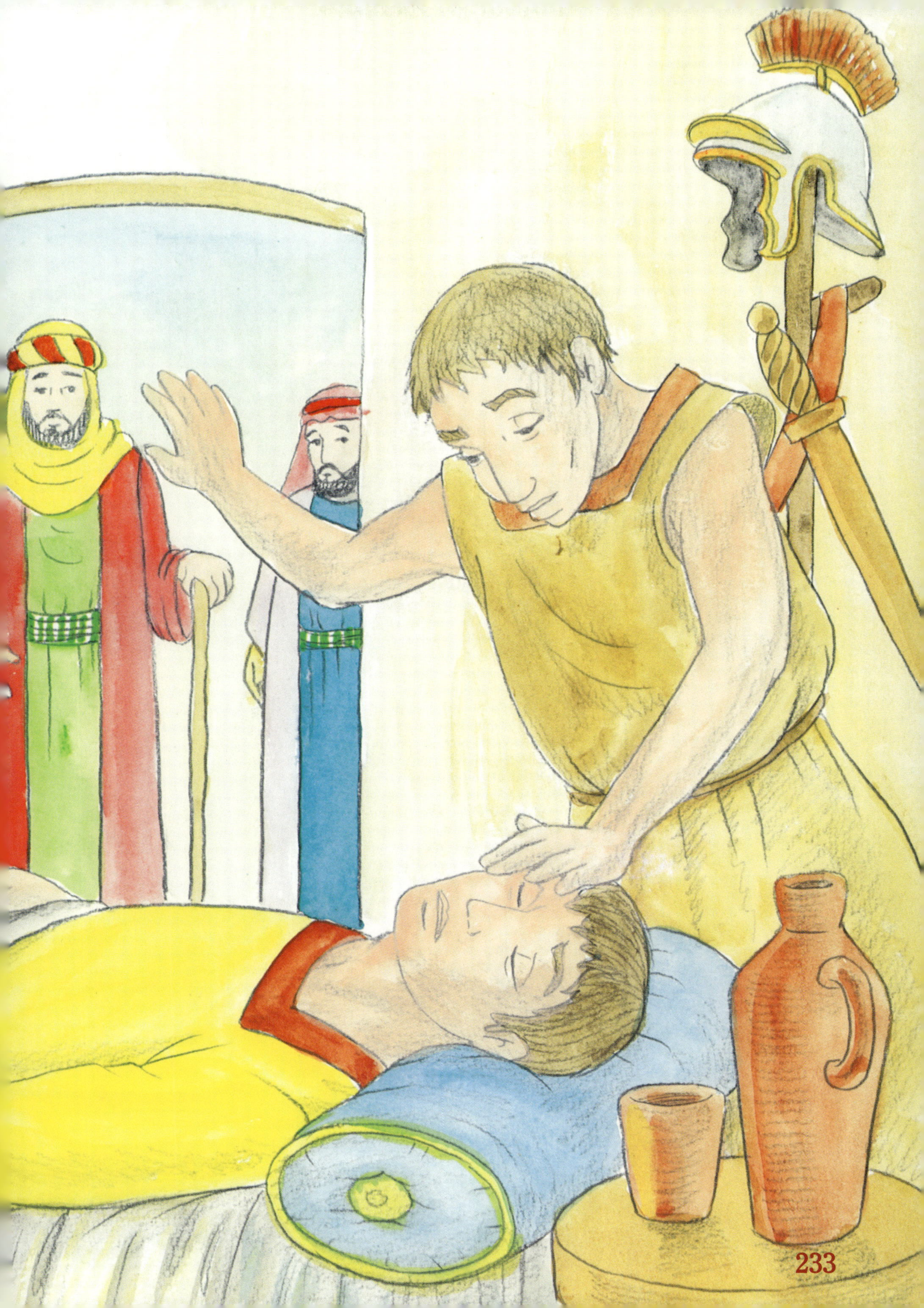

Jesus ging mit ihnen. Als er nicht mehr weit vom Haus des Hauptmanns entfernt war, schickte dieser ihm Boten entgegen mit der Nachricht, dass Jesus nicht das Haus betreten müsse, denn er, der Hauptmann, sei es nicht wert. Er war überzeugt, dass ein Wort von Jesus aus der Ferne schon genüge, den Diener zu heilen.

Jesus war erstaunt über den Offizier und seinen festen Glauben. Er wandte sich zu den Menschen, die ihm gefolgt waren, und sagte: „Einen solch tiefen Glauben habe ich noch nie gesehen, noch nicht einmal bei den Juden." Und zu den Leuten, die der Hauptmann geschickt hatte, sagte er: „Richtet dem Hauptmann aus, dass er sich keine Sorgen mehr zu machen braucht. Denn sein Glaube ist so stark, dass alles so geschehen wird, wie er es wünscht."

Als die Freunde zum Haus des Hauptmanns zurückkamen, war der Diener gesund, wie es Jesus versprochen hatte.

Jesus beruhigt den Sturm

Matthäus 8, 23–27; Markus 4, 35–41; Lukas 8, 22–25

Oft, wenn Jesus vom Lehren und Heilen erschöpft war, zog er sich mit seinen Jüngern an einen ungestörten Ort zurück. Eines Abends, als er sich am Ostufer des Sees von Galiläa ausruhte, schlug er den Jüngern vor: „Lasst uns mit dem Boot zur anderen Seite des Sees fahren!“

Sie fuhren hinaus und einige andere Boote begleiteten sie. Jesus war sehr müde. Er legte sich auf der Rückbank des Bootes auf ein Kissen und schlief beim sanften Schlag der Wellen sofort ein.

Nach einiger Zeit kam eine frische Brise auf. Der Wind wurde immer stärker und stärker, bis ein wilder Sturm das Wasser in riesige Wellen verwandelte, die immer höher schlugen. Die Boote wurden hin und her geworfen, die Wogen schwappten in die Boote und die Jünger versuchten verzweifelt, das Wasser auszuschöpfen. Während all der Zeit schlief Jesus tief und fest; das Unwetter konnte ihn nicht aufwecken.

„Herr, wach auf! Kümmert es dich denn nicht, dass wir zugrunde gehen?“, riefen sie verzweifelt und rüttelten ihn wach.

Jesus stand auf. „Warum habt ihr solche Angst, ihr Kleingläubigen?“, tadelte er sie. Dann ging er nach vorne ins Boot und befahl dem heulenden Wind und den tosenden Wellen: „Seid ruhig!“

Sofort trat Windstille ein und das Wasser des Sees wurde so glatt und ruhig, als hätte es nie einen Sturm gegeben.

„Wo ist euer Glaube geblieben?“, fragte Jesus seine Jünger. Voller Ehrfurcht und Staunen sahen sie Jesus an, dem sogar der Wind und das Wasser gehorchten. Wie war es nur möglich, dass ein Mensch eine solche Macht hatte?

Der Glaube heilt

Matthäus 9, 18–26; Markus 5, 22–43; Lukas 8, 41–56

Eines Tages kam der Synagogenvorsteher Jairus voller Verzweiflung zu Jesus. Er fiel vor ihm auf die Knie und flehte ihn um Hilfe an: „Meister, meine kleine Tochter liegt im Sterben. Sie ist erst zwölf Jahre alt. Komm mit mir und lege ihr die Hände auf, damit sie wieder gesund wird."

Jesus ging sofort mit ihm. Und wie immer drängelten sich viele Menschen um ihn. Darunter war auch eine Frau, die seit vielen Jahren krank war. Schon viele Ärzte hatten sie behandelt, doch keiner konnte sie heilen. Ihr Zustand war nur noch immer schlimmer geworden.

Jesus, von dem sie schon so viel gehört hatte, schien ihr die letzte Hoffnung zu sein. Sie drängte sich durch die Menge, bis sie dicht bei ihm stand. Dann streckte sie die Hand aus und berührte ganz kurz Jesus' Gewand. Sie glaubte fest daran, dass die bloße Berührung ausreiche, um geheilt zu werden. Und tatsächlich spürte sie genau in dem Augenblick, als ihre Finger das Gewand berührten, dass sie endlich wieder gesund war.

Sie wollte schnell davonlaufen, doch Jesus hatte gespürt, dass eine Kraft von ihm ausgeströmt war. „Wer hat mein Gewand berührt?“, fragte er.

Niemand aus der Menge sagte etwas und die Jünger antworteten ihm: „Jeder drängt und drückt hier nach vorne und da fragst du, wer dich berührt hat?“

Jesus schaute sich weiter um und sein Blick fiel auf die Frau, die sich vor ihm auf die Knie warf, sich fürchtete und Angst hatte, dass Jesus sie bestrafen würde. Doch Jesus beruhigte sie: „Dein Glaube hat dir geholfen. Gehe in Frieden, denn du bist von deinem Leiden befreit.“

Während Jesus noch mit der Frau sprach, kam ein Diener aus Jairus‘ Haus angelaufen und sagte zu Jairus: „Deine Tochter ist tot. Du brauchst den Meister nicht länger zu bemühen.“

Jesus hörte die Worte. „Hab keine Sorge. Glaube nur und deine Tochter wird leben“, sprach er zu Jairus. Jesus schickte die Menge fort und erlaubte nur Petrus, Jakobus und Johannes, ihn zum Haus des Jairus zu begleiten. Vor dem Haus standen die Angehörigen und die Dienerschaft und weinten.

„Klagt nicht und weint nicht. Das Kind ist nicht gestorben. Es schläft nur tief und fest“, tröstete Jesus die Leute. Er ging zu dem Bett des Mädchens, nahm seine Hand und sagte: „Wach auf, mein Kind.“

Sofort kehrte das Leben in das Mädchen zurück. Es stand auf und ging umher. Die Eltern des Mädchens waren fassungslos vor Glück, umarmten es, gaben ihm zu essen und zu trinken und konnten gar nicht aufhören, es zu herzen und zu liebkosen.

Obwohl Jesus darum gebeten hatte, dass niemand davon erfahren sollte, verbreitete sich die Geschichte von der Auferweckung der Tochter des Jairus wie ein Lauffeuer überall im Land.

Ich bin der gute Hirte

Matthäus 18, 12–14; Johannes 10, 11; Lukas 15, 1–7

Immer wieder kamen die Menschen mit ihren Leiden und Bitten zu Jesus und stets war er für sie da. Niemand wurde von ihm abgewiesen.

Die Schriftgelehrten jedoch schimpften über Jesus, weil er jeden, ob Wucherer oder Übeltäter, anhörte. Sie verstanden nicht, warum er sich mit solchen Menschen abgab. Denn diese waren ihrer Meinung nach Sünder und sowieso verloren.

Um den Schriftgelehrten sein Handeln zu erklären, erzählte er ihnen ein Gleichnis: „Wenn ein Hirte hundert Schafe hat und eines davon wird vermisst, wird er dann nicht die anderen neunundneunzig Schafe auf der Weide lassen und sich sofort voller Sorge auf die Suche nach dem verlorenen Schaf machen? Und wird er nicht so lange suchen, bis er es gefunden hat?“

Und er fuhr fort: „Hat er es dann endlich wieder, wird er es voller Freude hochnehmen, es zu sich nach Hause tragen, seine Freunde und Nachbarn zusammenrufen und ihnen von seinem Glück berichten."

„So ist es auch im Himmel“, sagte Jesus weiter. „Dort herrscht mehr Freude und Jubel über einen einzigen Sünder, der umkehrt, als über neunundneunzig Gerechte, die es nicht nötig haben, umzukehren. Ich bin der gute Hirte. Menschen, die vom rechten Weg abgekommen sind, bringe ich zu Gott zurück. Jeder der mir folgt, gehört zu meiner Schafherde, die ich führe und schütze.“

Bartimäus, der Blinde

Matthäus 20, 29–34; Markus 10, 46–52; Lukas 18, 35–43

Als Jesus mit seinen Jüngern, wie immer von einer Menschenmenge umgeben, nach Jericho kam, saß am Straßenrand der blinde Bettler Bartimäus. Als er bemerkte, dass so viele Menschen an ihm vorbeigingen, fragte er einen davon, was los sei.
„Jesus von Nazareth ist in der Stadt“, antwortete man ihm.

Da rief Bartimäus so laut er konnte: „Jesus, Sohn Davids, hab Erbarmen mit mir!“ Die Menge wurde ärgerlich über sein Geschrei und forderte ihn auf, zu schweigen. Aber er rief nur um so lauter. Da hörte ihn Jesus, blieb stehen und sagte: „Bringt den Mann zu mir.“

Als Bartimäus hörte, dass er zu Jesus kommen durfte, warf er seinen Mantel weg, sprang auf und lief auf Jesus zu, obwohl er ihn nicht sehen konnte.

Jesus fragte: „Was kann ich für dich tun?“ Und der Blinde antwortete: „Herr, ich möchte wieder sehen können.“ Jesus berührte die Augen von Bartimäus. Von Stund an konnte er wieder sehen, wurde zum treuen Anhänger und folgte Jesus auf seinem Weg.

Die zehn Aussätzigen

Lukas 17, 11–19

Jesus war auf dem Weg nach Jerusalem. Da kamen ihm zehn Aussätzige entgegen, blieben in der Ferne stehen und riefen: „Jesus, erbarme dich unser." Die Männer hatten Lepra, eine schlimme Hautkrankheit.

„Geht zu den Priestern und zeigt euch ihnen", rief Jesus den Aussätzigen zu. Denn jeder, der von der Lepra geheilt war, musste sich von den Priestern für rein erklären lassen.

Noch während die Männer zum Tempel gingen, spürten sie, dass sie geheilt waren. Einer von ihnen kehrte um, warf sich Jesus zu Füßen und dankte ihm.

Da wandte sich Jesus an seine Jünger: „Es wurden doch alle zehn geheilt. Wieso ist nur einer gekommen, um Gott zu ehren?“
Und zu dem Mann sprach er: „Steh auf und geh deiner Wege. Dein Glaube hat dich geheilt.“

Die Speisung der Fünftausend

Matthäus 10, 1–16, 14, 13–21; Markus 3, 14–19, 6, 30–44; Lukas 6, 12–19, 9, 1–6, 10, 12–17; Johannes 6, 1–15

Eines Tages rief Jesus seine zwölf Jünger zu sich: „Ich will euch aussenden, um die Menschen in Israel zu heilen und um zu ihnen zu predigen. Geht und verkündet, dass das Himmelreich nahe ist. Heilt Kranke, weckt Tote auf, macht Aussätzige rein und treibt Dämonen aus. Es ist an der Zeit, dass ihr jetzt weitergebt, was ihr an Gutem empfangen habt."

Die Zwölf machten sich auf, um die Botschaft Jesu zu verkünden. Nach einigen Wochen versammelten sie sich wieder bei Jesus am See von Galiläa und berichteten ihm von ihren Taten. Da alle erschöpft waren, forderte er sie auf, mit ihm ans andere Ufer des Sees zu fahren, um dort Ruhe und Erholung zu finden.

Doch die in seiner Nähe versammelte Menschenmenge sah ihn abfahren und lief am Ufer entlang in die Richtung, in die er mit seinen Jüngern ruderte. Viele von ihnen waren sogar noch vor ihm am Landeplatz auf der anderen Seite des Sees.

Es war schon Abend und die Jünger sagten zu Jesus: „Schick die Leute fort, damit sie in die umliegenden Dörfer gehen können, um dort zu essen."

Jesus wollte den Glauben seiner Jünger auf die Probe stellen und antwortete: „Es ist an euch, den Menschen etwas zu essen zu geben."

„Das sind Tausende! Woher sollen wir das Geld nehmen, um den Hunger dieser Menschen zu stillen?", fragten sie erstaunt.

„Wie viele Brote habt ihr noch?“, wollte Jesus wissen. Die Jünger sahen in ihren Vorratstaschen nach. „Nichts mehr! Aber dieser Junge hat noch fünf Gerstenbrote und zwei getrocknete Fische.“

„Sagt den Leuten, sie sollen sich in kleineren Gruppen hinsetzen“, bat Jesus, nahm das Brot und die Fische des Jungen und dankte Gott dafür. Dann brach er das Brot, gab es zusammen mit den Fischen den Jüngern und bat sie, die Speisen unter dem Volk zu verteilen.

Die Jünger erwarteten, dass alles verbraucht sein würde, bevor die erste Gruppe gesättigt war. Doch je mehr sie verteilten, desto mehr schien da zu sein. Alle konnten essen, so viel sie wollten. Als die Reste eingesammelt wurden, blieb sogar genug übrig, um noch zwölf Körbe zu füllen.

An diesem Tag gab Jesus fünftausend Menschen zu essen.

Petrus, der Fels

Matthäus 16, 13-28; Markus 8, 27, 9, 1; Lukas 9, 18-27

Eines Tages fragte Jesus seine Jünger: „Für wen halten mich die Leute? Was denken sie, wer ich bin?“

„Sie halten dich für Johannes, den Täufer, der von den Toten auferstanden ist“, sagte der eine. „Für den Propheten Elija“, sagte der andere. „Wenn nicht für Elija, dann für Jeremia oder einen anderen Propheten“, meinte ein dritter Jünger.

„Und für wen haltet ihr mich?“, fragte Jesus. Alle Jünger schwiegen, nur Petrus antwortete: „Du bist der Messias, der Sohn Gottes, der König, den uns Gott versprochen hat.“

Seine Antwort erfreute Jesus und er sagte zu ihm: „Selig bist du. Ich nannte dich Petrus, der Fels. Und auf diesen Felsen will ich meine Kirche bauen.“

Dann erklärte Jesus seinen Jüngern, was seine Aufgabe auf Erden war. Er sagte ihnen, dass er nach Jerusalem gehen müsse, dort vieles erleiden und schließlich getötet werden würde. Er sprach auch davon, dass er am dritten Tage wieder auferstehen würde von den Toten.

Die Jünger erschraken sehr. Doch Jesus sprach weiter: „Wenn ihr mir folgen wollt, kommt eine schwere Zeit auf euch zu, denn auch ihr werdet leiden. Denn wer mein Jünger sein will, der muss sich selbst verleugnen und jederzeit bereit sein, mir in den Tod zu folgen.“

Das ist mein geliebter Sohn

Matthäus 17, 1–13; Markus 9, 2–10; Lukas 9, 28–36

Sechs Tage später nahm Jesus die Jünger Petrus, Jakobus und Johannes mit auf einen hohen Berg. Als Jesus sich zum Gebet niederkniete, wurden seine Kleider strahlend weiß und sein Gesicht leuchtete hell wie die Sonne von innen heraus.

Dann erschienen vor ihren Augen Mose und der Prophet Elija. Sie waren von dem gleichen Glanz umstrahlt, der auch um Jesus war, und sie holten Jesus zu sich und sprachen mit ihm.

Die drei Jünger zitterten vor Furcht und warfen sich zu Boden. Da erschien eine große Wolke am Himmel und aus der Wolke sprach eine Stimme: „Das ist mein geliebter Sohn, auf ihn sollt ihr hören."

Als die Jünger wieder aufblickten, sahen sie niemanden mehr außer Jesus.

Der verlorene Sohn

Lukas 15, 1-2, 10-32

Unter den Menschen, die Jesus' Worte hören wollten, waren viele Sünder. Und wieder regten sich die Gelehrten über Jesus auf und über die schlechte Gesellschaft, in die er sich begab. Erneut erklärte Jesus seine Beweggründe mit einem Gleichnis und er erzählte folgende Geschichte:

„Ein Mann hatte zwei Söhne. Eines Tages bat der jüngere Sohn seinen Vater, er solle ihm schon jetzt sein Erbe auszahlen. Das tat der Vater und der jüngere Sohn packte seine Sachen und zog in ein fernes Land.

Dort lebte er in Saus und Braus, arbeitete nicht und bald war sein ganzes Vermögen aufgebraucht.

Dann brach im Land eine große Hungersnot aus und es ging ihm so schlecht, dass er als Schweinehirt arbeiten musste. Er war so hungrig, dass er am liebsten das Futter der Schweine gegessen hätte, aber er durfte davon nichts nehmen.

‚Was tue ich eigentlich hier?‘, dachte er bei sich. ‚Sogar die einfachsten Knechte bekommen bei meinem Vater mehr als genug zu essen. Ich gehe heim und werde zu meinem Vater sagen, dass ich mich gegen ihn versündigt habe und nicht verdiene, sein Sohn zu sein. Vielleicht lässt er mich für sich arbeiten.‘

So machte er sich auf den weiten, beschwerlichen Weg.

Der Sohn war noch ein gutes Stück von seinem Zuhause entfernt, als ihn der Vater von weitem kommen sah.

Er fühlte Mitleid mit der abgemagerten, zerlumpten Gestalt, lief seinem Sohn entgegen und umarmte ihn.

Der Sohn stammelte erste Worte seiner Entschuldigung. Aber der Vater rief schon nach den Dienern.

‚Holt schnell neue Kleider und Schuhe! Schlachtet unser bestes Kalb! Wir wollen ein Fest feiern und fröhlich sein. Denn mein Sohn war verloren und ist zurückgekehrt.‘

Der ältere Sohn hatte auf dem Feld gearbeitet. Als er nach Hause kam, roch er den Duft köstlicher Speisen, hörte fröhliche Musik und lautes Gelächter.

‚Was ist hier los?‘, fragte er eine Magd. ‚Dein Bruder ist wieder da und dein Vater ist darüber so glücklich, dass er ein großes Fest feiert‘, antwortete sie.

Da wurde der ältere Bruder sehr zornig und weigerte sich, ins Haus zu gehen, seinen Bruder zu begrüßen und mitzufeiern.

Der Vater kam zu ihm heraus und redete seinem älteren Sohn gut zu. ‚All die Jahre habe ich hart für dich gearbeitet und alles getan, was du wolltest. Nie hast du mir erlaubt, auch nur einen Ziegenbock zu schlachten, damit ich ein Fest mit meinen Freunden feiern konnte. Jetzt kommt dieser Nichtsnutz daher, der dein Vermögen verschleudert hat, und du schlachtest auch noch unser bestes Kalb!‘, erwiderte der ältere Sohn verbittert.

‚Mein Sohn, du bist immer bei mir und du weißt, dass alles, was ich habe, dir gehört. Doch heute müssen wir feiern. Denn dein Bruder war verloren und wir haben ihn wieder.‘“

Der barmherzige Samariter

Lukas 10, 25–37

Einmal wollte ein Gelehrter, der die Gesetze Gottes gründlich studiert hatte, Jesus auf die Probe stellen. „Was muss ich tun, um das ewige Leben zu erhalten?“, fragte er Jesus. Jesus sah den Mann nachdenklich an und antwortete: „Was sagen denn dazu die Gesetze Gottes?“

Der Mann war um die Antwort nicht verlegen: „Dort steht, du sollst den Herrn, deinen Gott, lieben mit ganzem Herzen und ganzer Seele, mit all deiner Kraft und all deinen Gedanken. Und du sollst deinen Nächsten lieben wie dich selbst. Aber wer ist mein Nächster, was bedeutet das?“ Und Jesus beantwortete die Frage so, wie er es häufig tat. Er erzählte ein Gleichnis:

„Eines Tages begab sich ein Mann auf die Reise von Jerusalem nach Jericho. Unterwegs wurde er von Räubern überfallen. Sie schlugen ihn nieder, plünderten ihn völlig aus und nahmen ihm sogar seine Kleider weg. Danach ließen sie den Mann halb tot am Straßenrand liegen.

Zufällig kam ein Priester des Weges. Er sah den verletzten Mann am Boden liegen, aber er half ihm nicht, denn er fürchtete, die Räuber könnten noch in der Nähe sein. Rasch ging er weiter.

Nach dem Priester kam ein Kirchendiener vorbei, auch er kümmerte sich nicht um den armen Mann.

Schließlich kam ein Reisender aus Samaria des Weges. Als er den Mann sah, hatte er großes Mitleid mit ihm. Er reinigte die Wunden des Verletzten und verband sie sorgsam. Dann hob er den Mann auf sein Reittier, brachte ihn zu einer Herberge und sorgte dort für ihn.

Am nächsten Tag musste der Samariter weiterziehen. Damit er den verletzten Mann gut versorgt wusste, gab er dem Wirt Geld und bat ihn, sich um den Mann zu kümmern. Falls das Geld dafür nicht reichte, wollte er den Rest auf dem Rückweg begleichen."

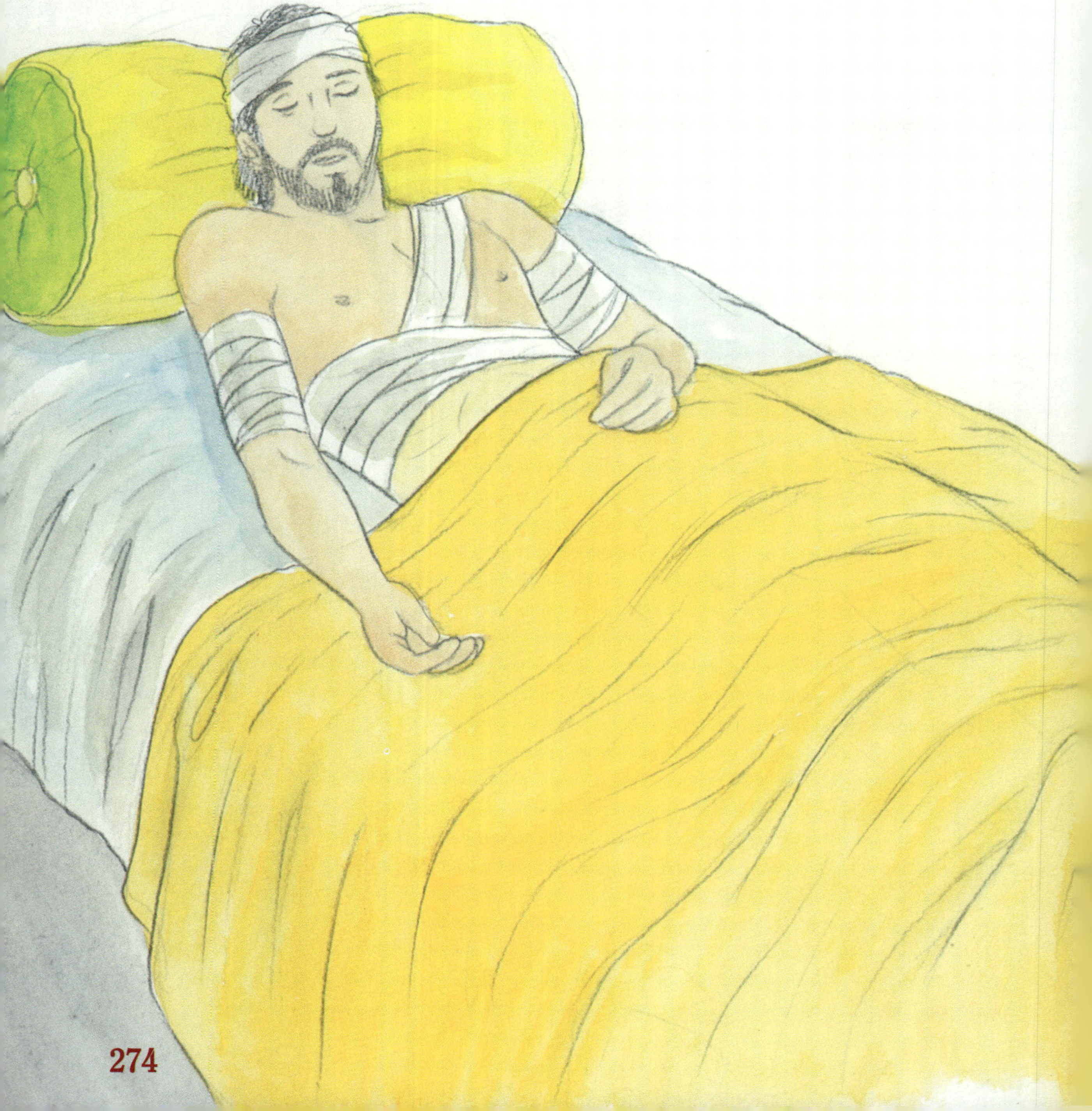

Jesus blickte den Gelehrten eine Weile an und fragte dann:
„Was denkst du, wer hat seinen Nächsten so geliebt wie sich selbst?“

„Der, der barmherzig gehandelt hat“, antwortete der Gelehrte.

„Ja“, sagte Jesus. „Dann geh und versuche so zu sein wie er.“

Die Auferweckung des Lazarus

Lukas 10, 38–42; Johannes 11, 1–44

Die Geschwister Maria, Marta und Lazarus waren enge Freunde von Jesus. Sie wohnten in Betanien, einem Ort nahe Jerusalem. So oft es Jesus möglich war, besuchte er die drei.

Einmal, als Jesus mit seinen Jüngern wieder zu Gast bei seinen Freunden war, setzte sich Maria zu ihm und lauschte aufmerksam seinen Worten. Marta bereitete derweil das Essen zu, deckte den Tisch und hatte alle Hände voll zu tun.

„Warum sagst du Maria nicht, dass sie mir helfen soll?", fragte Marta Jesus. Sie war verärgert, dass sie arbeitete und Maria nichts tat.

„Mach dir nicht so viel Arbeit mit dem Essen. Ein einfaches Mahl hätte mir völlig genügt. Maria tut das Richtige, wenn sie mir zuhört. Das solltest auch du tun", antwortete Jesus. Es war nicht das erste Mal, dass Jesus deutlich machte, dass es wichtiger ist, sich um das Seelenheil als um die körperlichen Bedürfnisse zu kümmern.

Nach dem Besuch gingen Jesus und seine Jünger weit weg in eine andere Gegend. Da bekam Jesus eine Nachricht von Maria und Marta. „Lazarus ist schwer erkrankt. Bitte komm sofort!"

Merkwürdigerweise ging Jesus nicht sofort nach Betanien, sondern blieb, wo er war. „Die Krankheit wird nicht zum Tod führen, sondern durch sie soll der Sohn Gottes verherrlicht werden", sagte er. Erst zwei Tage später beschloss Jesus, nach Judäa zu gehen.

Die Jünger hatten große Sorge, nach Jerusalem zu reisen. Denn dort warteten Jesus‘ Feinde.

„Lazarus ist gestorben. Lasst uns jetzt zu ihm gehen, denn euer Glaube an mich soll gestärkt werden“, sprach Jesus zu ihnen.

Als sie in Betanien ankamen, war Lazarus bereits seit vier Tagen beerdigt. Marta lief ihnen entgegen und sagte zu Jesus: „Wärst du früher hier gewesen, dann wäre mein Bruder nicht gestorben.“

„Sei nicht traurig, dein Bruder wird leben“, entgegnete Jesus.

„Ich weiß, er wird auferstehen. Aber das wird am Tag des Jüngsten Gerichts sein“, antwortete Marta.

„Ich bin die Auferstehung und das Leben. Wer an mich glaubt, wird auf ewig nicht sterben. Glaubst du das, Marta?“

„Ja, Herr, ich glaube, dass du der Messias bist, der Sohn Gottes.“

Marta lief zu Maria und den Trauergästen ins Haus und alle kamen heraus, um Jesus zu sehen. Sie waren so voller Trauer um Lazarus, dass sie bitterlich weinten.

Da war Jesus zutiefst bewegt und weinte auch. Er hatte Lazarus sehr lieb. Alle, die Jesus' Tränen sahen, fragten sich, warum er nicht früher gekommen war, um Lazarus zu retten, wenn er ihn doch so liebte.

Jesus ließ sich zum Grab führen. Es war eine Felsenhöhle, die mit einem schweren Stein verschlossen war. „Nehmt den Stein vom Eingang fort“, bat Jesus.

Marta rief erschrocken aus: „Herr, mein Bruder ist schon vier Tage tot, es wird riechen!“

Jesus hob die Augen zum Himmel und begann zu beten: „Vater, ich weiß, dass du mich erhört hast. Aber gib den Menschen ein Zeichen, dass du mich gesandt hast.“ Und dann rief Jesus: „Lazarus, komm heraus!“

Etwas regte sich in der Höhle und Lazarus kam aus dem Grab. Er war noch in die Grabtücher gehüllt und seine Schritte waren steif. „Nehmt ihm die Tücher ab und lasst ihn heimgehen“, sagte Jesus.

Viele der Juden, die Lazarus‘ Erweckung gesehen hatten, glaubten jetzt wirklich, dass Jesus Gottes Sohn war. Andere aber zweifelten, gingen zu den Hohen Priestern und erzählten ihnen die Geschichte.

Die Priester riefen daraufhin die Versammlung des Hohen Rates ein, des höchsten religiösen Gremiums.

„Dieser Jesus tut Zeichen und Wunder. Bald werden alle an ihn glauben und es wird zu einer Rebellion gegen die römische Herrschaft kommen. Dann werden uns die Römer entmachten, Jerusalem und den Tempel zerstören und das Volk Israel vernichten."

An diesem Tag beschlossen die Priester, Jesus zu töten.

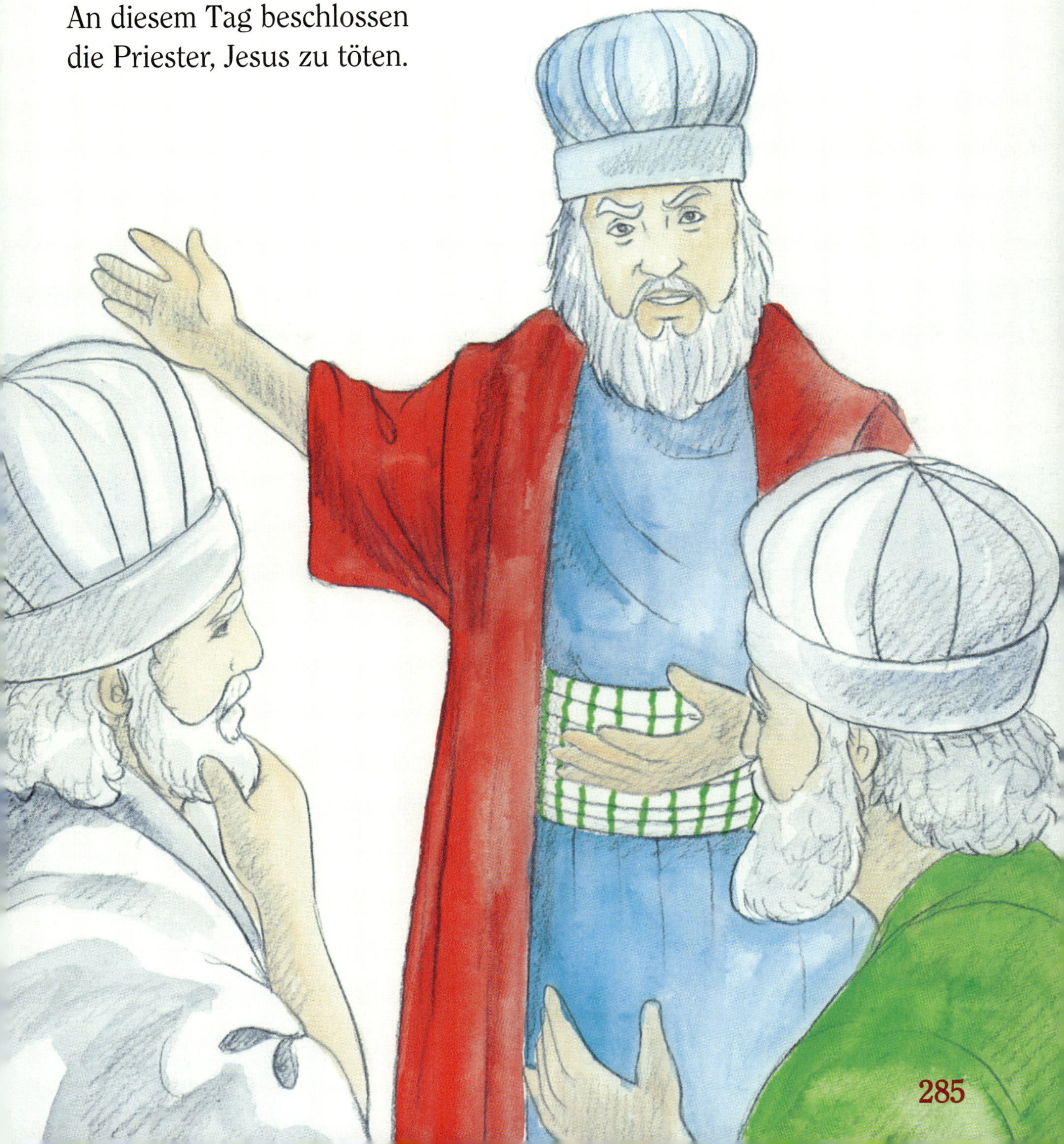

Der Zöllner Zachäus

Lukas 19, 1–10

Die Zöllner standen in römischen Diensten. Zölle waren weder genormt noch festgelegt. Diejenigen, die den Römern das meiste Geld einbrachten, behielten ihren Zollposten. Außerdem wirtschafteten die Zöllner oft in ihre eigene Tasche. Deshalb galten die Zöllner unter ihren jüdischen Landsleuten als Diebe und Betrüger und keiner wollte etwas mit ihnen zu tun haben.

In Jericho lebte der Zöllner Zachäus. Er war der oberste Zollpächter und sehr reich. Eines Tages hörte er, dass Jesus in der Stadt war. Er war neugierig, wer dieser Jesus war, und wollte ihn gern sehen. Doch die Menschenmenge, die um Jesus war, versperrte ihm die Sicht.

Zachäus war ein sehr kleiner Mann. Deshalb stieg er auf einen Baum, um von dort oben eine bessere Sicht zu haben.
Zu seinem großen Erstaunen blieb Jesus genau unter diesem Baum stehen, schaute hoch in das Geäst und rief: „Zachäus, komm herunter und geh nach Hause. Ich werde heute in deinem Hause zu Gast sein."

Jesus hatte Zachäus nie zuvor gesehen und doch kannte er seinen Namen. Zachäus stieg vom Baum, so schnell er konnte, und nahm Jesus freudig bei sich auf. Die umstehenden Menschen waren entsetzt. Wie konnte sich Jesus nur mit einem solchen Menschen einlassen!

Doch irgendetwas war mit Zachäus vorgegangen. Die Begegnung mit Jesus hatte ihn völlig verändert. Demütig sagte er zu Jesus: „Herr, ich verspreche, dass ich die Hälfte meines Vermögens den Armen gebe. Und wenn ich von jemandem zu viel gefordert habe, gebe ich ihm das Vierfache zurück.“

Jesus wandte sich zu denen, die um ihn standen: „Seht, heute ist diesem Haus das Heil geschenkt worden. Auch Zachäus ist ein Sohn Abrahams und ich bin gekommen, um solche wie ihn zu retten, die verloren waren.“

Der Einzug Jesu in Jerusalem

Matthäus 21, 1-13; Markus 11, 1-11; Lukas 19, 28-49; Johannes 12, 1-19

Eine Woche vor dem Paschafest kam Jesus nach Betanien zu seinen Freunden Maria, Marta und Lazarus. Es war die letzte Woche seines Lebens.

Jesus beauftragte zwei seiner Jünger: „Am Eingang des nächsten Dorfes findet ihr eine angebundene Eselin. Bindet sie los und bringt mir das Tier. Fragt man euch, warum ihr das tut, dann antwortet, dass der Herr die Eselin braucht, dass sie aber bald zurückgebracht wird."

Alles war, wie es Jesus gesagt hatte. Sie brachten die Eselin zu Jesus, warfen ihre Umhänge auf ihren Rücken und Jesus stieg auf das Reittier.

Vor Hunderten von Jahren hatte der Prophet Sacharja geweissagt, dass der Messias auf einem Esel nach Jerusalem reiten würde.

Als Jesus dies tat, strömten die Menschen aus den Dörfern, breiteten ihre Kleider vor ihm auf dem Weg aus und andere legten Palmzweige nieder. „Hosanna, gesegnet sei der König, der da kommt im Namen des Herrn!", jubelten die Menschen.

Nach seiner Ankunft in Jerusalem ging Jesus als Erstes in den Tempel, wo ein reges Treiben herrschte. Geldwechsler hatten hier ihre Stände, andere verkauften gegen teures Geld Tauben für die Opferrituale. Es waren Zustände wie auf einem Jahrmarkt. Niemand schien es zu interessieren, dass der Tempel ein geheiligter Ort war.

Jesus trieb alle aus dem Tempel. „Mein Haus soll ein Haus des Gebetes sein und ihr habt eine Räuberhöhle daraus gemacht!“, rief er zornig.

Von da an kam Jesus täglich zum Tempel, predigte und heilte die Kranken.

Als die Hohen Priester von seinen Taten hörten, suchten sie nach einer Gelegenheit, Jesus festnehmen zu lassen. Tagsüber war Jesus jedoch immer von einer begeisterten Menschenmenge umgeben und die Nächte verbrachte er in Betanien. Es schien nahezu aussichtslos, Jesus zu fassen.

Der Verrat für dreißig Silberstücke

Matthäus 26, 14–16; Markus 14, 10–11; Lukas 22, 3–6

Die Hohen Priester und Schriftgelehrten suchten nach einer Möglichkeit, Jesus unauffällig zu beseitigen. Sie befürchteten, dass eine Festnahme vor den Augen des Volkes zu einem Aufstand führen würde.

Da erhielten die Priester unerwartete Hilfe. Judas Iskariot, einer der Apostel, kam zu ihnen.

„Was gebt ihr mir, wenn ich euch Jesus ausliefere?“, fragte er.

Man weiß nicht, was Judas dazu bewogen hat, so einen schlimmen Verrat zu begehen.

Die Priester zahlten ihm nur dreißig Silberstücke, das war damals der Preis für einen Sklaven! Judas aber nahm das Geld und wartete von nun an auf den richtigen Augenblick, um Jesus zu verraten.

Das Abendmahl

Matthäus 26, 20–29; Markus 14, 12–25; Lukas 22, 7–23; Johannes 13, 1–30

Am Tag des Paschafestes bat Jesus Petrus und Johannes, alles für das Fest vorzubereiten, damit er und die Jünger gemeinsam das Paschamahl begehen konnten. „Wo werden wir essen? Wir werden einen großen Raum benötigen“, fragten sie ihn.

„In Jerusalem trefft ihr in der Stadt einen Mann, der einen Wasserkrug trägt. Folgt ihm in das Haus, in das er hineingeht. Im Obergeschoss gibt es einen Saal. Dort richtet ihr alles“, antwortete Jesus.

Alles war so, wie Jesus es gesagt hatte. Als alle beim Mahl saßen, entspann sich ein Streitgespräch unter den Jüngern darüber, wer der Beste von ihnen sei. Da nahm Jesus eine Schüssel mit Wasser und begann, jedem von ihnen die Füße zu waschen. Petrus war entsetzt und wollte nicht zulassen, dass Jesus ihm die Füße wusch.

„Folgt meinem Beispiel“, sagte Jesus zu den Jüngern. „Nur wer bereit ist, anderen zu dienen, kann in Gottes Königreich groß sein.
Denn keiner ist besser oder schlechter als der andere. Vor Gott sind alle Menschen gleich.“

Sie setzten das Paschamahl fort. Auf einmal sagte Jesus traurig: „Einer ist unter euch, der mich verraten wird."

Die entsetzten Jünger fragten einer nach dem anderen: „Doch nicht etwa ich?"

„Der, dem ich dieses Stück Brot geben werde, wird es sein", antwortete Jesus, nahm etwas Brot, tauchte es in die Schüssel und gab es Judas. Dabei sagte er: „Was du tun willst, das tue bald!" Da stand Judas auf und ging.

Jesus nahm das Brot, sprach das Dankgebet, brach das Brot und reichte es den Jüngern. „Dies ist mein Leib.“

Dann nahm er den Weinkelch und gab ihn an die Jünger weiter. „Das ist mein Blut, das Blut des Bundes, das für viele vergossen wird.“

Jesus wusste, dass das Paschamahl ihre letzte gemeinsame Mahlzeit war. Er versprach den Jüngern, dass Gottes Geist immer bei ihnen sein würde und dass sie nichts zu befürchten hätten.

Die Gefangennahme in Getsemani

Matthäus 26, 30-56; Markus 14, 26-50; Lukas 22, 39-53

Nach dem Mahl gingen alle zusammen auf den Ölberg hinaus, um den Garten Getsemani aufzusuchen. Da wandte sich Jesus an die Jünger und sagte traurig: „Heute Nacht werdet ihr euch alle von mir abwenden.“

Petrus widersprach: „Ich würde das niemals tun!“

„Ehe der Hahn zweimal kräht,
wirst du mich dreimal verleugnen“,
entgegnete Jesus.

Unter Tränen beteuerte Petrus: „Auch wenn ich sterben müsste, ich würde dich niemals verleugnen!“ Alle anderen Jünger beteuerten das Gleiche. Jeder war zutiefst bekümmert.

Als sie in Getsemani ankamen, ließ Jesus die übrigen Jünger zurück und nahm nur Petrus, Jakobus und Johannes mit sich. Die Angst, die Jesus schon den ganzen Abend gequält hatte, verstärkte sich und Jesus sagte zu den dreien: „Meine Seele ist zu Tode betrübt. Ich möchte beten. Bleibt hier und haltet Wache.“

Jesus entfernte sich ein Stück von ihnen, kniete nieder und begann zu beten: „Mein Vater, erspare mir dieses Schicksal, wenn du willst. Wenn nicht, dann soll es geschehen.“ Da erschien ihm ein Engel vom Himmel und gab ihm Trost.

Jesus ging zurück zu den drei Jüngern, die in der Zwischenzeit eingeschlafen waren. Er weckte sie und bat sie erneut eindringlich, Wache zu halten. Dieses Mal ging Jesus noch ein Stück weiter in den Garten, um inständig zu beten. Noch zweimal kam er zu den Jüngern zurück und fand sie jedes Mal schlafend vor. Als er sie das dritte Mal weckte, hörte man Stimmen und sah den Schein von Fackeln.
„Es ist so weit. Die Stunde ist gekommen. Der Verräter, der mich ausliefern wird, ist da.“

Noch während er sprach, wurden sie von den Häschern der Hohen Priester umringt. Die Männer waren bis unter die Zähne mit Schwertern und Knüppeln bewaffnet. Sie waren gekommen, um Jesus festzunehmen, und Judas führte sie an.

„Der, den ich küssen werde, der ist es“, sagte Judas zu den Priestern und Häschern. Er ging auf Jesus zu und umarmte ihn: „Sei gegrüßt, Meister!“

Die Wachen ergriffen Jesus, der es wehrlos geschehen ließ. Petrus zog sein Schwert und schlug wild um sich. Dabei hieb er einem der Männer ein Ohr ab.
„Steck das Schwert weg! Die, die zum Schwert greifen, werden durch das Schwert umkommen. Wenn ich wollte, könnte ich Heerscharen von Engeln zu Hilfe rufen. Aber nur so, wie es jetzt ist, wird sich die Heilige Schrift erfüllen“, sprach Jesus zu Petrus. Danach berührte er das Ohr des Mannes und heilte es.

Zu den Hohen Priestern und Häschern sagte er: „Warum seid ihr bewaffnet gekommen, so als sei ich ein Schwerverbrecher? Tag für Tag war ich bei euch im Tempel. Da habt ihr es nicht gewagt, gegen mich vorzugehen.“ Die Wachen führten Jesus ab. Man versuchte auch die Jünger festzunehmen, doch sie liefen davon und konnten entfliehen.

Das Verhör vor dem Hohen Rat

Matthäus 26, 57–68; Markus 14, 53–65; Lukas 22, 47–53; Johannes 18, 12–24

Nach der Verhaftung führte man Jesus zum Hohen Priester Kajaphas. Alle Hohen Priester und der ganze Hohe Rat bemühten sich um falsche Zeugenaussagen gegen Jesus. Zeuge um Zeuge trat ein, doch die Aussagen über Jesus stimmten nicht überein. Jesus schwieg zu allem, was gegen ihn vorgebracht wurde. Schließlich verlor Kajaphas die Geduld und fragte: „Bist du der Messias, der Sohn Gottes?"

Da antwortete Jesus: „Ja, der bin ich. Von nun an werdet ihr den Menschensohn zur Rechten der Macht sitzen und auf den Wolken des Himmels kommen sehen."

Da wurde der Hohe Priester wütend: „Wozu brauchen wir jetzt noch Zeugen? Ihr alle habt diese Gotteslästerung gehört!"

„Er ist schuldig und muss sterben!", rief der Hohe Rat.

Die Verleugnung durch Petrus

Matthäus 26, 69–75; Markus 14, 66–72; Lukas 22, 54–62; Johannes 18, 15–19, 25–27

Petrus war den Wachen, die Jesus vor den Hohen Rat geführt hatten, gefolgt und gesellte sich im Hof zu einer Gruppe, die ums Feuer saß, um sich zu wärmen. Eine Magd erkannte ihn und sagte: „Auch du warst mit diesem Jesus aus Nazareth zusammen!" „Nein, den kenne ich gar nicht!", antwortete Petrus.

Kurz darauf wurde er erneut gefragt, ob er nicht einer von Jesus‘ Jüngern war. Und wieder verneinte er es. Wenig später sagte einer zu ihm: „Du musst zu Jesus gehören, denn du bist ein Galiläer!“

Da begann Petrus zu fluchen und schwor: „Nein, ich kenne diesen Menschen nicht, von dem ihr redet.“

In diesem Augenblick krähte der Hahn zum zweiten Mal. Petrus erinnerte sich an Jesus’ Worte. Und er begann bitterlich zu weinen.

Die Verhandlung vor Pilatus

Matthäus 27, 1–31a; Markus 15, 1–15; Lukas 23, 6–25; Johannes 18, 28–19, 16a

Als Judas hörte, dass Jesus zum Tode verurteilt werden sollte und nicht einmal versucht hatte, sich zu retten, war er entsetzt über das, was er getan hatte. Voller Schuldgefühle lief er zu den Priestern und warf die dreißig Silberstücke vor sie auf den Boden.

„Ich habe schwer gesündigt. Ich habe einen Unschuldigen an euch ausgeliefert", weinte er.
Die Priester und Ältesten lachten nur und sagten höhnisch: „Was geht uns das an?"

Da lief Judas fort und erhängte sich in tiefer Verzweiflung.

Der Hohe Rat lieferte Jesus dem römischen Statthalter Pontius Pilatus aus. Seine Zustimmung war notwendig, um Jesus hinrichten zu können.

„Dieser Mensch verführt unser Volk, hält es davon ab, Steuern zu bezahlen, und behauptet, der König der Juden zu sein“, klagten die Hohen Priester Jesus an. „Bist du wirklich der König der Juden?“, fragte Pilatus. „Du sagst es“, antwortete Jesus und mehr sagte er nicht.

Pilatus konnte keinen Grund finden, Jesus zu verurteilen. Als er erfuhr, dass Jesus aus Galiläa stammte, ließ er ihn zu König Herodes bringen, der sich wegen des Paschafestes gerade in Jerusalem aufhielt. Aber auch Herodes konnte Jesus‘ Schuld nicht feststellen und schickte ihn wieder zurück zu Pilatus.

Pilatus rief die Hohen Priester und die anderen Führer des jüdischen Volkes zusammen und sagte: „Der Mann hat nichts getan, worauf die Todesstrafe steht. Ich werde ihn auspeitschen lassen und dann werde ich ihn freigeben." Die Hohen Priester verlangten jedoch Jesus' Tod.

Die römischen Soldaten peitschten Jesus aus und dann verspotteten sie ihn. Sie flochten einen Kranz aus Dornen, den sie ihm als Krone auf den Kopf setzten. Dann fielen sie vor ihm auf die Knie und höhnten: „Heil dir, König der Juden!"

Es war jüdischer Brauch, anlässlich des Paschafestes einen Gefangenen freizulassen, den das Volk auswählen konnte. Damals befand sich Barabbas im Gefängnis, der zusammen mit anderen einen Mord begangen hatte. Zwischen Barabbas und Jesus wollte Pilatus das Volk wählen lassen.

Jesus wurde vor die Menschenmenge geführt. „Wen soll ich freilassen, Barabbas oder Jesus, den man den Messias nennt?“, rief Pilatus in die Menge.

„Barabbas, Barabbas“, grölte die Menge. „Und was soll ich mit Jesus tun?“, fragte Pilatus. „Ans Kreuz mit ihm! Ans Kreuz mit ihm!“
Der Tumult in der Menge wurde immer größer.

Pilatus ließ sich Wasser bringen, wusch sich vor allen Leuten die Hände und sagte: „Ich bin unschuldig am Blut dieses Menschen. Das hier ist eure Sache.“

Pilatus ließ den Mörder Barabbas frei und gab seinen Soldaten den Befehl, Jesus zu kreuzigen.

Die Kreuzigung

Matthäus 27, 31b–56; Markus 15, 20b–41; Lukas 23, 26–43; Johannes 19, 16b–30

Die römischen Soldaten führten Jesus weg, um das Urteil an ihm zu vollstrecken. Der Kreuzestod war eine der furchtbarsten Hinrichtungsarten.

Jesus musste sein schweres Holzkreuz selbst tragen. Auf dem langen Weg nach Golgota, der Hinrichtungsstätte, wurde er von den Menschenmassen verspottet und sogar bespuckt. Als Jesus unter der Last des Kreuzes stolperte und fiel, zwangen die Soldaten einen Mann, der gerade vom Felde kam, Simon von Zyrene, das Kreuz zu tragen.

Eine große Menschenmenge folgte ihnen, darunter auch viele Frauen, die um Jesus weinten. Jesus wandte sich nach ihnen um und sagte: „Weint nicht um mich; weint über euch und eure Kinder.“
Denn Jesus wusste, dass die Römer in einigen Jahren Jerusalem dem Erdboden gleich machen würden.

Schließlich kamen sie in Golgota an. Dort wurde Jesus ein Trank gereicht, der eine betäubende Wirkung hatte. Doch er lehnte ab und ertrug die Qualen der Kreuzigung bei vollem Bewusstsein.
Dann nagelten die Soldaten Jesus‘ Hände und Füße ans Kreuz.
Jesus litt furchtbare Schmerzen. „Vater, vergib ihnen, denn sie wissen nicht, was sie tun“, betete er.

Nach römischer Sitte wurde der Grund der Verurteilung auf ein Schild geschrieben, das dann am Kreuz befestigt wurde. Auf Jesus‘ Tafel stand I.N.R.I. – Iesus Nazarenus, Rex Iudorum – (Jesus aus Nazareth, der König der Juden). Links und rechts von Jesus wurden auch zwei Räuber hingerichtet. „Wenn du Gottes Sohn bist, hilf dir selbst und uns und steig herab vom Kreuz“, verhöhnte ihn einer der Verbrecher. Der andere aber wies ihn zurecht: „Wir erhalten den Lohn für unsere Taten, aber dieser Mann hat nichts Unrechtes getan.“ Und zu Jesus sagte er: „Herr, denke an mich, wenn du in dein Reich kommst.“ „Heute noch wirst du mit mir im Paradies sein“, antwortete Jesus. Unter den Menschen, die um ihn trauerten, erkannte Jesus seine Mutter Maria und Johannes, einen seiner treuesten Jünger. Und selbst jetzt, trotz all seiner Qualen, dachte er an ihr Schicksal. „Mutter, das ist von nun an dein Sohn“, sagte er zu Maria. Und zu Johannes sprach er: „Das ist deine Mutter.“ Johannes nahm Maria in sein Haus auf und sorgte von nun an für sie.

Unter dem Kreuz würfelten die Soldaten um Jesus' Gewand, denn nach römischem Brauch fielen die Kleider des Verurteilten dem Hinrichtungstrupp zu.

Gegen Mittag verfinsterte sich der Himmel. Um drei Uhr war es stockdunkel, das war die Zeit, zu der Jesus starb. Als Jesus sein Ende kommen spürte, rief er mit lauter Stimme: „Mein Gott, mein Gott, warum hast du mich verlassen?"

Kurz darauf bat Jesus um etwas zu trinken. Einer der Soldaten tauchte einen Schwamm in Essig, steckte ihn auf einen Stock und hielt ihn an Jesus' Mund.

Dann stöhnte Jesus laut und rief: „Es ist vollbracht! Vater, in deine Hände lege ich meinen Geist!" Nach diesen Worten starb Jesus.

Genau in dieser Sekunde riss der Vorhang im Tempel von Jerusalem von oben bis unten entzwei. Die Erde bebte und Felsen spalteten sich.

Der römische Hauptmann und seine Soldaten,
die die Gekreuzigten bewachten, sahen,
was geschah, und ehrfürchtig sagten sie:
„Wahrhaftig, dieser Mann war Gottes Sohn!"

Ein Soldat stieß Jesus die Speerspitze in die Seite,
um zu prüfen, ob er wirklich tot war.

Das Begräbnis

Matthäus 27, 57–61; Markus 15, 42–47; Lukas 23, 50–56; Johannes 19, 31–42

Josef aus Arimathäa war ein Mitglied des Hohen Rates, trotzdem aber ein Anhänger von Jesus. Er ging zu Pilatus und bat um die Erlaubnis, Jesus bestatten zu dürfen. Pilatus war erstaunt, dass Jesus schon gestorben war, und erlaubte Josef, Jesus vom Kreuz zu nehmen.

Zusammen mit Nicodemus hüllte Josef den Leichnam von Jesus in ein reines Leinentuch. Sie brachten ihn in eine Grabhöhle, die in einen Felsen gehauen war. Maria Magdalena und einige andere Frauen sahen zu, wie sie einen großen Stein vor das Grab rollten und das Grab damit verschlossen.

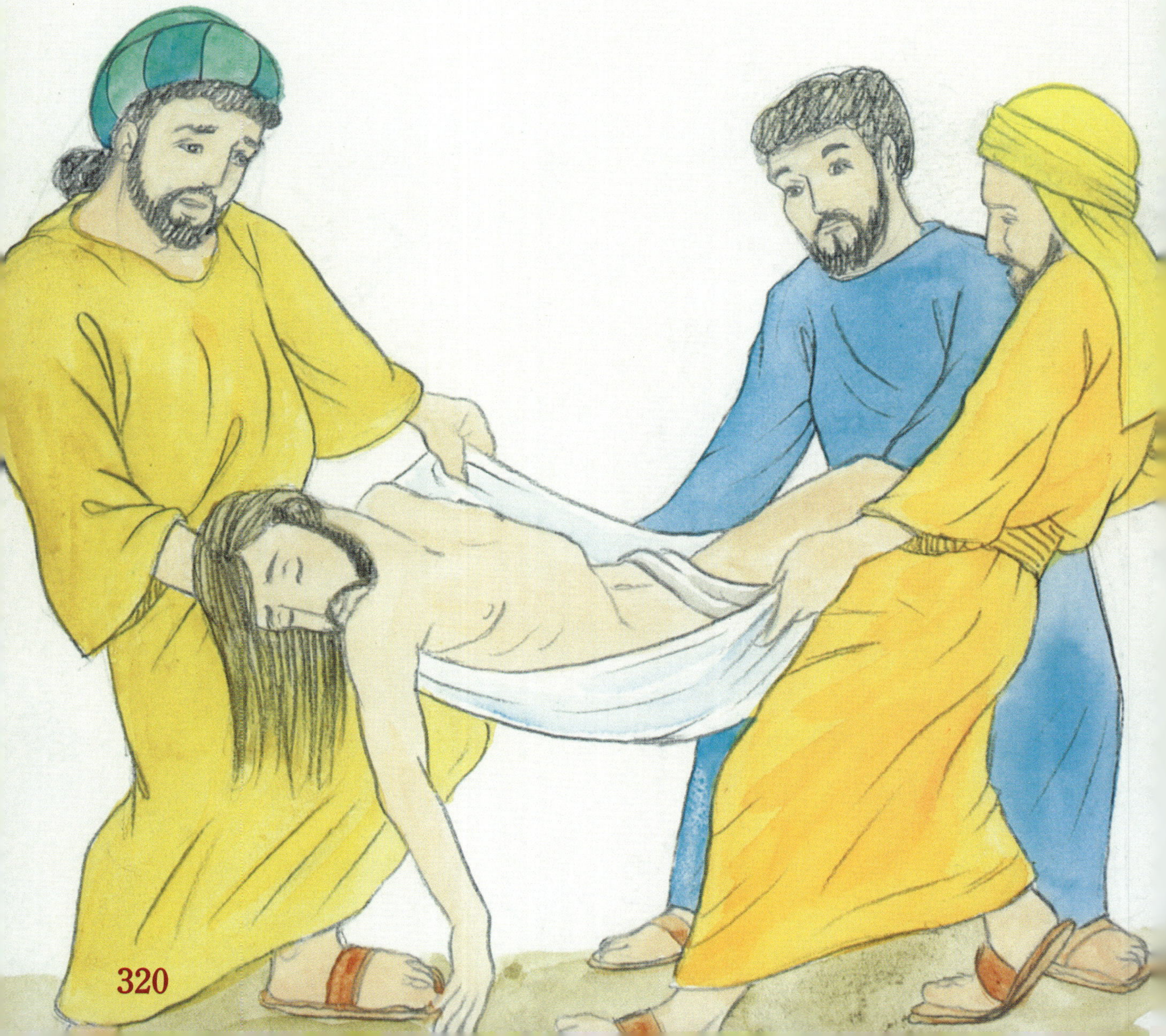

Am folgenden Tag war Sabbat und die Hohen Priester baten Pilatus, das Grab bewachen zu lassen. Sie erinnerten sich an Jesus' Worte, er werde am dritten Tag auferstehen. Pilatus genehmigte die Wachen und ließ das Grab zudem versiegeln.

Die Auferstehung Jesu

Matthäus 28, 1–10; Markus 16, 1–8; Lukas 24, 1–12; Johannes 20, 1–18

Maria Magdalena, Johanna und Maria, die Mutter von Jakobus, gingen am Sonntag bei Sonnenaufgang zum Grab. Sie hatten wohlriechende Öle und Salben dabei und wollten Jesus salben, wie es bei den Juden Brauch war.

Als sie zum Grab gekommen waren, sahen sie, dass der Stein weggewälzt und die Grabhöhle offen war. Sie gingen in die Höhle hinein, aber Jesus‘ Leichnam fanden sie nicht.

Ratlos schauten sie sich an. Da standen auf einmal zwei Engel vor ihnen, die sagten: „Fürchtet euch nicht. Jesus ist nicht hier, sondern er ist auferstanden. Geht und überbringt den Jüngern folgende Nachricht: Er ist ihnen vorausgegangen nach Galiläa; dort will er sie sehen.“

Als Maria Magdalena Johannes und Petrus erzählte, was geschehen war, gingen die drei zum Grab und fanden es leer. Die beiden Jünger glaubten an Jesus' Auferstehung. Sie liefen fort, voller Erstaunen über das, was geschehen war.

Maria Magdalena blieb weinend am Grab zurück. Da fragte sie eine Stimme: „Warum weinst du?"

Maria dachte, es sei der Gärtner der Grabstätten, und sie antwortete: „Wenn du Jesus, meinen Herrn, aus seinem Grab weggenommen hast, sag mir, wo ich ihn finden kann. Ich werde gehen und ihn holen."

Der Mann sagte nur ihren Namen: „Maria!“ An der Art, wie er es sagte, erkannte Maria, dass es Jesus war. Sie war überglücklich.

Jesus bat sie: „Geh zu meinen Jüngern und Freunden und sage ihnen, dass du mich gesehen hast und dass ich lebe!“

Maria gehorchte. Und es kamen immer weitere Berichte, dass Jesus gesehen worden war.

Der ungläubige Thomas

Matthäus 28, 16–20; Markus 16, 9–20; Lukas 24, 13–35, 36–53; Johannes 20, 19–23

Später traf Jesus im Dorf Emmaus auf zwei seiner engen Anhänger, die ihn aber nicht erkannten. Sie hielten Jesus für einen Fremden und erzählten ihm von Jesus‘ Kreuzigung und davon, dass er auferstanden sein sollte und angeblich lebte. Die beiden luden den vermeintlich Fremden ein, mit ihnen zu essen. Als er das Brot segnete und zerbrach, wussten die Männer, wer er war, denn genauso hatte Jesus stets das Mahl zelebriert. Danach verschwand Jesus. Die beiden Männer gingen zurück nach Jerusalem und berichteten den Jüngern von dem, was sie erlebt hatten.

Während sie noch darüber redeten, trat Jesus in ihre Mitte und sagte: „Friede sei mit euch!“ Die Jünger erschraken, denn sie glaubten einen Geist zu sehen.

„Wie könnt ihr nur so zweifeln? Seht meine Hände und Füße und meine Wunden. Geister haben weder Fleisch noch Knochen!“

Dann bat Jesus um etwas zu essen. Er setzte sich zu ihnen, segnete und brach das Brot, speiste mit ihnen, wie sie es gewohnt waren, und sie erkannten, dass er wirklich Jesus war.

Thomas, einer der Jünger, war an dem Abend nicht dabei. Als ihm die anderen von ihrem Erlebnis berichteten, wollte er nichts davon glauben. „Wenn ich nicht die Male an seinen Händen sehe und ihn nicht berühre, glaube ich es nicht“, sagte er.

Acht Tage später erschien Jesus den Jüngern erneut. Diesmal war der ungläubige Thomas unter ihnen. Als er Jesus sah, waren alle seine Zweifel beseitigt. Jesus sagte zu ihm: „Selig sind, die nicht sehen und doch glauben!“

Noch einmal offenbarte sich Jesus seinen Jüngern am See Tiberias. Petrus und die anderen Jünger, die früher Fischer waren, hatten ihre alte Arbeit wieder aufgenommen. Die ganze Nacht waren sie auf dem See und arbeiteten, aber sie fingen nichts mit ihren Netzen.

Am Morgen rief ihnen ein Mann vom Ufer aus zu: „Ihr müsst die Netze auf der rechten Seite des Bootes auswerfen, dann werdet ihr einen reichen Fang haben!“

Genauso geschah es. Die Netze waren über und über mit Fischen gefüllt. Als die Fischer an Land kamen, war bereits ein Mahl für sie bereitet. Und als der Fremde das Brot segnete und mit ihnen teilte, wussten sie, dass es Jesus war, der unter ihnen weilte.

Nach dem Essen fragte Jesus Petrus dreimal hintereinander: „Liebst du mich?“ Und dreimal antwortete Petrus: „Ja, Herr, du weißt, dass ich dich liebe.“

Petrus wusste, dass Jesus ihm vergeben hatte. Und Jesus sagte zu ihm: „Kümmere dich um die, die an mich glauben.“

Der Heilige Geist

Apostelgeschichte 1–2

Insgesamt vierzig Tage lang nach seiner Auferstehung erschien Jesus seinen Jüngern und sprach zu ihnen vom Reich Gottes. Dann aber war es Zeit für ihn, zu gehen. Jesus führte seine Freunde zum Ölberg.

„Ihr werdet die Kraft des Heiligen Geistes empfangen, der auf euch herabkommen wird. Und ihr werdet fähig sein, den Menschen in der ganzen Welt zu berichten, was ich für sie getan habe und was ich für sie tun werde.“ Dann hob Jesus seine Hände und segnete die Jünger. Noch während er sie segnete, stieg Jesus in den Himmel empor, eine Wolke überschattete ihn und entzog ihn den Blicken der Jünger.

Zwei Engel erschienen und sprachen:
„Was steht ihr da und schaut in den Himmel?
Jesus wird ebenso wiederkehren, wie er
zum Himmel aufgestiegen ist.“

Fünfzig Tage nach dem Paschafest feierten die Juden Schawot, das Fest der Weizenernte und zugleich des Empfangs der Zehn Gebote durch Mose. Alle Gläubigen gingen in den Tempel, so auch die Jünger. Plötzlich kam vom Himmel ein Brausen, einem Sturm gleich, und erfüllte das ganze Haus und es schien, als würden die Jünger von flammenden Zungen berührt.

Der Heilige Geist erfüllte sie und sie konnten auf einmal
in Sprachen sprechen, die sie nie zuvor gehört hatten.
Nun waren sie in der Lage, Jesus‘ Botschaft
in der ganzen Welt zu verkünden.

In Jerusalem wohnten Juden aus allen möglichen Ländern und viele waren auch aus der Ferne in die Hauptstadt des jüdischen Reiches zum Fest gekommen. Verblüfft hörten sie die Jünger aus Galiläa in ihren Sprachen reden.

Und tatsächlich, erfüllt vom Heiligen Geist, predigten die Apostel in der Sprache der Parther, Meder, Elamiter, der Ägypter, Babylonier, Kreter und Araber.

Auch Petrus erhob sich und sprach zu der Menschenmenge. Er versprach den Zuhörern, dass Gott denen, die sich im Namen Jesus' taufen ließen, alle Sünden vergeben werde.

Petrus predigte so überzeugend, dass sich allein an diesem Tag dreitausend Menschen von den Jüngern taufen ließen.

Das war der Anfang der christlichen Kirche.

Die Jünger und ihre Freunde verbreiteten von da an Gottes Wort in allen Ländern. Oft war das Leben der Christen – so nannte man damals schon Jesus' Anhänger – in Gefahr, denn es gab viele, denen der feste Glaube dieser Menschen unheimlich war und die den Christen deshalb feindlich gesonnen waren.

Der Glaube an Gott und an seinen Sohn Jesus Christus verbreitete sich in der ganzen Welt.

Überall entstanden Kirchen, in denen sich bis heute die Menschen – Kinder und Erwachsene – treffen, um Gottes Wort zu hören und um zu beten.

Die Bibel, das Buch, das die Geschichte der Christenheit erzählt, ist bis heute das meistgelesene Buch auf der ganzen Welt.